政治メディアの「熟慮誘発機能」

―「マニフェスト」時代の効果研究―

小川恒夫

八千代出版

はじめに

本書は「政治メディアの熟慮誘発機能」というキーワードを軸にして、これまで筆者が書いてきた論文を再構成し、授業テキストにも使えるように書き直したものです。すでに出版され本書の元になった論文は以下の通りです。本書１章は『コミュニケーションの政治学：３章』慶應義塾大学出版会（2003）の１・２・３節に加筆修正、２章は『現代の政治学Ⅰ：３章』北樹出版（1997）に加筆修正、３章は『コミュニケーションの政治学：６章』慶應義塾大学出版会（2003）の４・５節に加筆修正、４章のデータは『東海大学文学部紀要』(1994、1996、1998）に掲載した論文から、５章のデータは『マス・コミュニケーションへの接近：４章』八千代出版（2004）からそれぞれ引用しました。その他の章は、本書のために書き下ろしたものです。

本書を一冊にまとめてみようと思った経緯は、2005 年９月の第 44 回総選挙が、衆議院選挙で初めて本格的なマニフェスト選挙と期待されながら、当時の小泉首相が「郵政民営化」を掲げ巧みなメディア戦略で大勝利したことにあります。そのメディア戦略では、有権者の理性的判断を助長するというより、感情的な判断を刺激するような手法が多く取り入れられているようでした。従来よりもさらに、視聴覚メディア重視のプロパガンダ型キャンペーンをレベルアップした選挙であった、という印象です。それは「見る選挙」であって「考える選挙」になったとは言い切れないという感想です。「短いメリハリの利いた言葉」が、刺客騒動と相まってテレビでの映像が政局を支配していたようにも見えましたし、マニフェスト選挙と言いながら、気の利いたワンワードや政治を劇場に見立てた格好いいパフォーマンスといったもので有権者と政治の現場との間で意味空間が形成されてしまったのではないかという疑問も強く残りました。このような選挙戦術が集票に効き目があると認識されるうちは、政党は戦術を大幅に変えようとはしないでしょうし、マニフェストは、有権者を考えさせないことに対する政治家のささやかな贖罪にしかすぎなくなります。結局、今後もテレビという映像メディアが政局を支配していくのではないかという不安がよぎります。

確かに、マニフェスト選挙にも、多くの危険性があります。明治大学政経学部の井田正道教授は、マニフェスト選挙の危険性として以下の点を挙げています。第1は、争点の多用な側面を数字によって正確に記述しようとすればするほど、多くの有権者にとって記述内容が難しくなり、その反動から「白か黒かのわかりやすいメッセージ」を求める傾向を助長するという点。第2は、具体的な政策を詳細に記述した政党は、対立政党からみると批判できる点が多数検出しやすくなるのに対し、抽象的にしか政策を提示しない政党に対しては「具体性がない」との批判しか指摘されず、結局「正直ものが馬鹿をみる」ことになるという点です。

このような現状を見てもなおかつ、大衆迎合政治としてのポピュリズムの回避には、マニフェストの発展と定着が必要であると判断するならば、政治報道が頑張るしかないことになります。

2005年9月22日の日本経済新聞・朝刊に掲載された調査では、この第44回総選挙でマニフェストを読んだと回答した人が62％との結果が示されました。多くの有権者は、実際に配布されたものだけでなく新聞に織り込まれたビラや政党広告、記事・解説を通してマニフェストを確認したとも思われます。しかし、実質的にはマニフェストに記載された特定争点を、多くの有権者が熟慮したとは言えない、という感想をもっています。確かに、すべての政治争点を有権者が熟慮することはできませんし、自分にとって重大な利害関係が問題にならない限り、有権者は安心していることができるという「無関心でいる余裕」もそれなりの意義があるのかもしれません。しかし、そのためには、必要なときに、多くの政治メディアが、この争点を有権者に対しきちんと熟慮誘発できる調査取材・表現できる手法が用意されていることが必要不可欠になります。

ちょうど2005年の新聞週間の標語は「『なぜ』『どうして』もっと知りたい新聞で」というものでした。では第44回総選挙時に、「なぜ」民営化なのか、「どうして」今のままでだめなのか、そのメリット・デメリットを「もっと知りたい」と思って新聞に接していた読者がどのくらいいたでしょうか。それには新聞報道に熟慮誘発機能が内在していたかが問題になりますが、この点に関して筆者は懐疑的です。本書終章でとりあげた「郵政民営化」をめぐる朝日新聞・読売新聞の選挙前からの報道内容の分析結果だけをみても、一般の有権者が身近に考えられるくらいに、政策がもたらすメリット・デメリットを絞り込んで示した記事は非常に少ないものでした。このような状態では、新聞は熟慮誘発機能を内在しているとは言えないというのが本書の立場です。

一番の問題点は、政策に対する記事・ニュースに“生活実感”が乏しいことです。もともと、関心の高くない層でも、自分の生活レベルにまでくい込むような生活実感を伴った情報が与えられれば、もはやその争点は他人ごとではなく、自分の1票が実際に自己の生活に関わることに気づくわけですから、熟慮誘発されているといえます。確かに、一面的なメリット・デメリットが示されても意味は薄いものになります。色々な職業や階層の生活に関わる多様な予測が示されなければなりません。ではなぜ、マニフェストに関する記事・ニュースに“生活実感”が伴わないのでしょうか。１つには、基になるマニフェスト自体が、政治の結果としての生活への影響を示しにくくなっているからでしょう。原因には多くのことが関係しています。たとえば、行政の縦割りもその１つの要因と思われます。政策目標を実現するために政府が持つあらゆる資源を使うという、組織としての集中力が弱っているのかもしれません。あるいは、結果をはっきりと示すと有権者から反感を買うおそれがあり、あえて明示しないのかもしれません。

しかし、“生活実感”が伴うには、「郵政民営化」した後のあなたの生活がどうなるのかという政策の出口を示す必要があり、政治がそれを示せないならば、政治メディアが代わりにそれを行わなければなりません。これには、マニフェストの影響を具体的に予測していく確かな見識と取材力とそれを支える組織力が必要になります。最後の砦でもある政治ジャーナリズムの言説に“生活実感”が伴わないとき、大衆に寄り添うふりをしながら、驚くべき大衆蔑視の政治家であったアドルフ・ヒットラーの言葉が存在感を膨らませます。「大衆は愚鈍である。小さな嘘より大きな嘘が有効である」という言葉です。大きな嘘とはまさに“生活実感”を明確にすることなく、曖昧で情緒的感情を刺激するような政治声明文のことになります。今から約60年前に起こった惨劇を二度と繰り返さないために、マス・メディア効果研究の視点から何ができるか。本書ではこの問題について考えてみました。

目　次

序章

メディア効果研究の現代的課題

1．政治メディアの２つの顔

政治メディアは２つの顔を持っています。「誘惑」と「啓発」の顔です。誘惑する政治メディアは、視聴者・読者の短絡的な反応を引き出すような報道です。啓発する政治メディアは、無関心や短絡的反応でもなく問題状態の解決に向けての熟慮を促すような報道です。報道の仕方によって、政治メディアはどちらの顔もとれるのではないかというのが本書の立場です。特に、争点が専門化し、既存の確固たる信条によって政治選択を行う有権者から、状況ごとに問題を判断しようとする無党派層が全有権者の過半数を超えるまでに拡大してきたときには（田中愛治．2003：p.126)、後者機能の重要性は高まっていると思います。無党派層は決して政治に無関心ではありません。そして、マス・メディアによく接しています。つまり、マス・メディアによって誘惑もされやすいが、啓発もされやすい存在ということです。

現代社会において、一般の有権者は問題となるすべての争点について十分な知識を持つことはできません。誰かから新しい情報を得る必要があります。ここに、現代社会ではマス・メディアからの誘惑あるいは啓発が生じる理由があります。米国の政治学者アーサー，L. とマシュー，D. は、啓発（enlightenment）を以下のように定義しています（1998/邦訳2005：p.98）。「誰か別の人の行為を観察し発言を聞くことの結果として、我々が自分たちの行為の帰結について十分な予測を行うための能力（知識）を増加させること」。つまり、誘惑は説得によって1つの評価を生じさせることが目的ですが、啓発は、自分たちの行為の帰結について十分な予測を行うための能力を増加させること自体が目的です。増加した結果、各有権者が最終的にどのような評価を下すかは原則各人に委ねられます。

ではマス・メディアという社会現象と有権者を繋ぐ媒介装置が、「誘惑」ではなく「啓発」の装置になる条件とは何でしょうか。そこでは、「行為予測能力を増加させようとする動機の活性化」が重要な鍵になります。動機が誘発されなければ、学習過程も存在せず予測能力も増加しません。本書では、考察ポイントを絞るために、報道が実際に予測能力を増加させた効果ではなく、その一歩手前にある「増加させようとする動機」の誘発効果に着目します。したがって、動機は誘発されたが実際に予測能力の増加はなかった場合でも、報道は一定の機能を果たしていると考えます。しかし、そこには報道によって受け手側に「これは自分にとって重要な問題だ」と気づかせる瞬間が必ず存在しなければなりません。熟慮とは「メディア報道によって受け手が行為予測能力を増加させなければならない必要性に気づき、どの情報が予測に一番適切かを思案する過程」です。この前半の「気づかせ」効果を本書では、メディアの「熟慮誘発機能」と呼ぶことにしてその条件を模索したいと思います。

本書ではまず、メディア効果の初めにある認知効果に注目してみました。何らかの認知がなければ、この後の評価への効果も発生しません。そして、誘惑する報道と啓発する報道では、当初の争点認知の段階（メディア側から言えば議題設定の段階）で既に違いがあるのではないか。これが出発点にある問いです。そして熟慮誘発に繋がるような議題設定の仕方を「質的な議題設定」と呼ぶことにしました。それは、どちらかといえば報道量ではなく、報道内容によって左右される議題設定です。量的な議題設定が、同じ争点報道への反復接触によって生じる一種のリハーサル記憶であるならば、質的な議題設定は意味の記憶です。場合によっては、一回の情報接触で当該争点が強く視聴者・読者に焼き付けられるような場合がこれにあたります。

政治ジャーナリズムが、権力を監視し真実を知らせてよりよい世論形成に貢献することを目標にするならば、効果測定は、「どれだけ特定争点を印象付けたか、あるいは、特定の方向に評価させたか」だけを目的にする必要はないはずです。どれだけ受け手がよく考えたうえで議題を選択し、争点を熟慮しようとしたかを測定の対象にしてもいいのではないか。そこから、政治メディアの質的議題設定という概念を設定してみました。この概念から、政治メディア効果研究を説得・認知型だけでなく熟慮誘発型にも拡大したいと思っています。つまり、メディアの質的議題設定機能概念によって、その「熟慮誘発機能」測定をいかに行うかが本書のテーマです。しかし、従来の効果測定研究では、視聴者・読者への「熟慮誘発度」という視点は十分に開発されていないようです。一方、どれだけメディアに説得されたかという「誘惑度」の側面では多くのモデルが示されています。これまでの効果研究では圧倒的に誘惑度の測定が中心で、有権者の争点に対するよりよい選択を求めようとする気持ちの形成に、報道がどれだけ貢献したか、という側面は射程外でした。すなわち、マス・メディア効果論は「行為予測能力を増加させようとする動機」の形成にはあまり注意を払ってきていません。本書の関心対象はむしろこの側面にあります。

2．熟慮型民主主義とマス・メディア

米国の政治学者フィシュキン, J. は「われわれが大統領指名選挙の過程で目撃しているのは、学習なき勢いであり熟慮なき選択である」(Fishkin, J. S. 1991：p.6) と述べています。彼は、マルチメディアの発達と利用が即直接民主主義の発展を促しうるという見方にも疑問を呈します。そこには有権者個々人の熟慮過程が必ず伴うという保証がないからです。彼によれば熟慮がなされている状態として、①政治的メッセージの交換、②メッセージの熟考、③対話のなかでのメッセージの彫琢 (Fishkin, J. S. 1992) をあげていますが、その前提には「行為の帰結について十分な予測を行うための能力を増加させようとする動機」 が必要です。動機がない状態でいくら電子ネットワークで双方向に繋がっても、支配的メッセージへの感染を促進するだけで、それは安易なTele-democracy論にすぎないと言えます。ここから彼は、「国民集会」(National Caucus) という人工的な話し合いの場を制度装置として設定し、face to faceの対話を通じて熟慮を作り出そうとする方向に解決策を求めていきます(Fishkin, J. S. 1991：Ch.1)。このような視点から熟慮型民主主義を実現していこうとする政治学者は他にもいます。たとえば、ダール, R. は「ミニポピュラス (mini-populus)」と呼ぶランダムに選ばれた1000人の市民がテレコミュニケーションによってネットワークしな

がら１年間にわたり重要な政治的争点について審議し、過程や結果をメディアによって公表していくという提案をしています。これも有権者の間にメディア報道だけに頼らず熟慮を巻き起こしていこうとする点で同じ発想に基づいています (Dahl, R. A. 1989)。

しかし、このような新しい制度装置が各地域に十分に定着するまでに、マス・メディア側はどのように熟慮誘発を支援したらよいのでしょうか。その定着だけをただ待つわけにはいかないでしょう。また、仮にそのような制度装置が定着したとしてもマス・メディアは、その取り組みに対してどのような報道スタンスをとったらよいのでしょうか。

60 年代の米国言論界で国民から圧倒的な信頼があったジャーナリスト、リップマン, W. は著書『世論』で、「民主主義について非現実的な解釈は、全能な主権者としての市民を想定している」として、選挙のたびごとに重要争点を熟慮して政治的意見を表明するような人が実在することに対して徹底して懐疑的でした。つまり、人々は公共の問題に関心はあるものの、個人的な問題の方へより強く心を奪われていて政治は二の次になっていることを「普通の人に国政に夢中になるように求めることは普通ではないと言わないにせよ、きわめて特殊な政治知識欲を求めるようなものだ」と述べています (リップマン, W. 1922/1987：p.36)。当時のリップマンの考えでは、有権者が熟慮誘発され主体的に情報を求めて考えることなど一種の幻想のように捉えられていました。この認識を前提にすると、政治ジャーナリズムの課題は、よくトレーニングされた超エリート集団によって市民が結果として従うべき争点と結論を間違いなく並べられる力の育成であるということになります。しかし、リップマンのいうジャーナリスト強化計画は理念として認められても、常に達成されるという保証はどこにもありません。つまり、有権者が国家の遂行するすべての政策に関心を深く持つことは不可能としても、政策争点をめぐって自分や家族の将来を真摯に熟慮するという過程を持つことができず、すべてマス・メディアにお任せするというのであれば、政治的選択は、メディアを自陣に引き入れようとする政治権力側と自立しようとするメディア側とのせめぎ合いによって決定されてしまうことになります。

わが国においても約60年前太平洋戦争を遂行しようとする政府に、結果として日本の主要メディアは協力し、最終的に310万人を超える国民を失いました。民主主義の根幹である世論を都合のよい方に操りたいと思っている権力側にとって、マス・メディアの力を味方に付けたいとする意欲はいつの時代も変わらず、特定メディアの予測だけを熟慮なく信じることにはやはり危険が伴います。したがって、報道側には、リップマンがいうように政治権力側から自立したジャーナリストの予測能力を高める工夫と同時に、視聴者・読者側にも予測能力を高めてもらう工夫がどこかで必要になります。先に述べたフィシュキンやダールは、この工夫を国民集会やミニポピュラスといった新しい政治制度の構築に求めています。筆者もこの提案には賛成ですが、本書の視点は、報道側からも支援する工夫を提示することです。そのときのキー概念が政治メディアの熟慮誘発機能です。

広辞苑で「熟慮」と引くと「よくよく考えること・十分に考えを巡らすこと」と書かれています。つまり、メディアの熟慮誘発効果とは、視聴者・読者に「よくよく考えなければならない」と思わせることです。報道機関が政策結果の予測を的確に言い当てる努力を惜しまないことと同時に、視聴者・読者側に対しても不確実な部分を自分の責任でよく考えるという姿勢を持ちやすくさせる、ことです。そこでは政治メディアが掲げる政策争点に対し、あるときには「真剣に考える必要性がある」と気づいてもらうことがポイントになります。この気づき、つまり誘発があると熟慮自体も始まりやすくなるからです。本書で、政治メディアの熟慮誘発力に注目し、メディアの「熟慮誘発機能」と名づけた理由はここにあります。

それは、単なるメディア媒介政治（Media Mediated Politics）から、メディア情報によって有権者の熟慮を経た政治（Deliberated Politics with Media）へ移行する作業でもあります。特に、選挙報道は、本来、最高の熟慮誘発報道であるべきで、それは、どの候補者に当選の可能性が高いかを予測し、その結果でよいかを熟慮させる報道を意味しません。各党と候補者が掲げる政策の行方を有権者に熟慮してもらうための誘発報道なのです。かつて、丸山眞男はファシズムが出現する背景の１つとして、「マス・コミュニケーションによる知性の断片化と方向感覚の喪失」（平凡社『政治学辞典』）をあげました。では、断片化されない知性はどのようなマス・コミュニケーションによって形成されるのでしょうか。そして、現状はどうでしょうか。

3．政治広報のCM化

米国では、その倫理性が問題にされながらもPush–Pollと呼ばれる世論調査を装った電話での候補者のプロパガンダも見られ始めていると言います（Traugott, M. W. & Lavrakas, P. J. 2000）。また、その効果に疑問や反論があるにもかかわらず政策論争よりも相手の弱点を取り上げて指摘するネガティブ・アド（Negative Advertisement；

中傷広告）が、80 年代以降全体の過半数を超えていることが示されています（ウェスト, D. M. 1993/1998：pp. 59–66)。何が何でも当選しなければばならない候補者・政党側は、莫大な出費覚悟でさまざまな手法を生み出して世論操作に介入します。

わが国でも民主党は 2003 年に米国系 PR 会社「フライシュマンヒラードジャパン」と契約を結びました。民主党が同社に払ったコンサルタント料は 2003 年に 1.4 億円。2004 年にも 1 億円を超えています。2004 年の参議院選挙で民主党がテレビ CM に支払った合計は 8 億 3680 万円。新聞ではスポーツ紙および夕刊紙を含めて 4 億 8410 万円。その他雑広告、選挙ビラ、ポスター、調査等に 8 億円程度と指摘されているので、選挙 PR 費合計は 21 億円程度と思われます。一方、自民党はテレビ CM に 10 億 3580 万円。新聞広告では一般紙に 5 億 4670 万円、スポーツ紙および夕刊紙は 3310 万円で合計 5 億 7980 万円。その他雑広告、選挙ビラ、ポスター、調査等に 10 億円程度と指摘され、選挙 PR 費合計は 25 億円程度とされています（三浦博史. 2005：p .138)。自民党も 2004 年 9 月に国内系フラップ・ジャパン社と契約し、同社社員は第 44 回総選挙期間中も自民党幹部にメディアへの露出や他党からの反論の仕方、記者会見場の壁紙の色までアドバイスしたとされています。コンサルタント料は非公開とされているようですが、基本契約料プラス出来高払いとのことです（週刊東洋経済. 2005. 10. 29：p.61)。それに対し、受け手である有権者側の防衛ラインは 50 年前に比べてどのような進展がなされたのでしょうか。メディア・リテラシー（Media literacy；メディア情報を読み解く能力）やクリティカル・シンキング（Critical thinking）の必要性は指摘されますが、最新の広告手法やメディアミックス路線を駆使する送り手側に比べ、受け手側の劣勢は否めません。

このような状況の中で、2005年9月の総選挙では、小泉首相や自民党のメディアへのイメージの扱いが緻密に計算され、「クール」「改革派」「格好いい」「潔《いさぎよ》い」「強力な指導者」などのイメージが形成されやすいように演出が仕込まれたのかもしれません。特に、短期決戦の解散選挙時は、候補者や政党イメージの善し悪しが勝敗の行方を決めやすいということを事前に計算していた可能性もあります。外交・財政・年金問題といった複数の重要争点から「郵政民営化」一本に絞り込んだのもメディア戦略の1つであるかもしれません。このような戦略によって、郵政民営化のメリット・デメリットを考えて賛否を決定した有権者よりも、小泉首相の「クール」「改革派」「格好いい」「潔い」「強力な指導者」といったイメージで自民党に投票した有権者の方が多くなったならばそれは問題です。

もちろん、政党・候補者側が仕掛けてくる広報戦略は、イメージを中心としたものだけでありません。各政党が公表している政策やマニフェストの中には、予算財源や施策実施工程、政策自体がもたらす将来の影響予測について、自らの政党に有利なことだけを主張し、有権者に誤った印象を与えることも十分考えられます。しかし、これらの内容を一有権者が検証することは、ほとんど困難な作業です。

政治情報の提供・戦略面での有権者側の劣勢をカバーし、有権者が賢明な選択をする際に必要不可欠な政策の比較や実績の評価に関する情報をわかりやすく十分に提供することは、政治メディアの責任です。また、そのための対価として視聴者・読者はマス・メディアに受信料や購読料を支払っているとも考えられます。確かに、その検証作業はマス・メディアにとっても容易なものではありません。かつての政策やマニフェストに沿ってこれまでの業績を評価することはできても、特に、各党の政策を比較して将来の影響予測を検証することは困難な作業になります。しかし、だからと言って、客観報道第一主義や公正・中立性を理由に、政策やマニフェストの中の不正確で誇張された事実や推測に対し、疑問や反論を提示するような報道ができない、という主張は許されないでしょう。政治メディアは、マニフェスト選挙の時代になればなるほど、特に、将来の影響予測報道に対して一層重い責任を課せられることになります。

4．ジャーナリズム論とメディア効果論の接点

今まで政治報道に携わるジャーナリストのクリエーティブさとエネルギッシュさは、次の選挙では誰が当選しどのポストに就任するのか、どの政治家がスキャンダルに巻き込まれているか、国会内での内輪もめを皮肉混じりに要約することなどに投下されてきた観があります。政界の人間関係や政局中心の権力奪取ドラマを描くことです。いずれも視聴者・読者の関心も高いので、取材努力がまったく無駄になるということは少ない記事・ニュースです。一方、争点となる各党政策を取り上げて、それが施行され、あるいは施行されない場合のメリット・デメリットを予測することにはリスクが伴います。政策実行の効果、現代社会で時代の流れを見渡すことは、あまりにも複雑で予期に誤差が生じる割合が高いものです。しかし、マニフェスト時代におけるジャーナリストのクリエーティブさとエネルギッシュさは、政策が視聴者・読者としての有権者にどのように関係しうるかを伝えることにも注がれるべきだとするならば、メディア効果研究もこの点に注意を払うべきでしょう。

これまで、マスコミュニケーションが有権者に提供できる機能は、

What to think about it？（その争点をいかに考えるか）と、What to think about？（考えるべき争点は何か）とされてきました。各視座は、そのモデルの信憑性を向上させるために検証途中であることは言うまでもありません。また、両視座は、融合の方向でも効果が測定されています。しかし、このような流れに、本書は「熟慮誘発機能」という視座を加えたいと思います。それは差し詰め、How to make deliberation about it？（その争点をいかに熟慮させるか）ということになるのでしょうか。

政治メディアは２つの顔を持っています。誘惑と啓発です。この２つの顔について、より科学的に測定がなされるようになったとき、視聴者・読者側は政治メディアをより自分たちの側にあるものとして意識することになります。同時に、政治報道は、政治をドラマ化し見世物にする道具や特定方向へ誘導するプロパガンダの道具にもなりにくくなります。もちろん、有権者が熟慮する争点は、やはり、メディアが決めるというのであれば、誰かが意図的に特定争点を回避し現在の議題を設定しているという危惧を拭い去ることはできません。ここに本書の熟慮誘発機能の限界もあります。しかし、限界があるからこそ、一度メディア上で設定された重要争点は、多様な立場や生活状況に置かれる有権者の熟慮を誘発するだけの内容を持って報道されなければなりません。どのような立場の有権者にもあまり熟慮誘発力を持てないような報道は、誰かに操作されやすい報道と考えることもできます。

また、熟慮を誘発されたとしても、その後に皆が争点のすべての側面を熟慮できるわけではありません。リップマンの言うように、有権者はたとえ選挙公示期間中といえども、現代社会では多忙な存在です。熟慮を試みたが結果的にはよくわからないまま、選択を行うというケースも想定されます。しかし、たとえ熟慮誘発だけが起こり、実際の熟慮が視聴者・読者によって満足に行われなかったとしても、それがまったくない状況よりははるかにましであると考えます。１つひとつの記事・ニュースに熟慮誘発機能が向上すれば、総体として有権者の熟慮は高まるものと期待できるからです。

汚職告発のような報道は、調査報道として意義が高いものです。ジャーナリズムの権力監視機能の側面です。このような暴露型調査報道・スクープによって、政治家や高級官僚や財界人と言った政治システム内で発言力の大きい人々が襟を正すという効果ももたらされるでしょう。しかし、このようなタイプの報道には有権者の憤怒や驚愕が伴っても、どのような政治倫理制度の確立が望ましいかなどについての熟慮を誘発する力が必ず伴うとは思えません。世論形成に有権者の熟慮が必要ならば、熟慮誘発には二律背反的状況に立たされることで生じる切実なジレンマと冷静さが必要になります。では実際にメディアは、争点をどのように報道すれば切実なジレンマと冷静さを併せ持つ熟慮誘発機能を高めることができるのでしょうか。これが本書の課題です。また、この側面をメディア効果測定軸の１つに設定することの可能性も考えてみたいと思います。

1章
争点を学習したいと思わない世論

1．選挙の情報源としてのマス・メディア

下記データ（次ページ）は、読売新聞が2005年9月11日の第44回衆議院選挙終了後に行った調査結果です。投票時の意思決定の役に立ったマス・メディアとその種類を聞いています。約41％の有権者がテレビや新聞といったマス・メディアからの番組や記事報道を情報源として候補者を決めていることがわかります。「特にない」と回答した16.9％の人は以前から支持している政党なり候補者に決めている固定層、あるいはマス・メディアではなく周囲の信頼の置ける人の意見といったパーソナルなコミュニケーションを重視した人たちでしょう。残りの多くの人も、政党広告やCM、ポスター、政見放送、選挙公報、Web–siteといった何らかの形でマス・メディアから影響を受けています。5年前の総選挙と比べるとメディアに依存する人の割合が明らかに増加しています。特に小泉自民党が圧勝した第44回総選挙では映像メディアであるテレビの影響が高まりました。朝日新聞の調査（2005年10月25日付け）でも「総選挙で一番役に立ったメディア」としてテレビが51％に対し新聞は40％

でした。

マス・メディア情報を重視して投票意思を決定する人たちは、いわゆる浮動票と呼ばれる人たちが中心です。大都市やその周辺に住むサラリーマンや主婦・若者などが多く、この層に対するアピール性が政治家にとって重要となりつつあります。問題は、どのような政治手法でそれを行うかです。イメージか政策か、もし政策での訴えが有効でないと判断されたとき、政治家からのパフォーマンス政治とマス・メディアからの観客ジャーナリズムによって政治の劇場化現象（Dramatizing Politics）が生まれ、有権者の聞きたいことや見たいことだけに焦点を合わせたイメージ・ムード優先型の選挙になってしまう危険性が生じます。イメージは学習したが、政策自体は学習しない状態の出現です。法案成立に「死んでもいい」「命をかけてます」「過半数獲得できなければ退陣する」と言いながら、党内の大物守旧派をズバッと斬る。「格好いい」「首尾一貫性を備えた指導者だ」「リーダーシップのある改革派」「潔い」という反応。

（Q） 今回の選挙期間中に見聞きしたものの中で、あなたが、投票する候補者や政党を決めるとき、特に役に立ったものを２つまで挙げてください。

新聞やテレビの選挙報道…………	41.4%	←	(28.9)
政見放送………………………………	22.7%	←	(16.4)
新聞広告………………………………	10.4%	←	(13.3)
選挙公報………………………………	10.1%	←	(12.6)
ビラ・チラシ・ポスター…………	7.7%	←	(10.3)
街頭演説………………………………	8.0%	←	(8.0)
政党ＣＭ………………………………	15.7%	←	(7.8)
その他・特にない・答えない……	16.9%	←	(36.6)

注） 読売新聞2005年９月28日付け：（ ）内は2000年第42回総選挙時同紙６月25日付け。

しかし、その法案の中身については、ほとんど知らないという状況も生じてきます。イメージ選挙は映像メディアたるテレビに合致しやすい性格を持っています。このような状況では、テレビ報道を代表とする映像メディアはパフォーマンス政治家にハイジャックされてしまう危険性さえ生じてきます。

2．イメージ・ムード優先型選挙

サウンド・バイト（Sound Bite）とは、メディアを使った選挙戦などで使用される響きのよい、インパクトのある言葉のことです。小泉純一郎氏が2001年度、流行語大賞を受賞した『聖域なき構造改革』や『改革の痛み』『米百俵』といった言葉がそれです。ワンワード・ポリティックスと言われる手法は、テレビＣＭが15秒で商品を売る広告テクニックを政治の世界に利用したと考えることもできます。視覚に訴える手法として2000年の衆議院選挙当時、自由党のテレビCMでは小沢一郎党首（当時）が殴られながら街を歩き、「叩かれることを恐れていては、未来につながる政策は実現しない」と訴え、社民党の土井たか子党首（当時）は、駄菓子屋の店主に扮し「護憲」を唱えた。2001年の自民党総裁選挙では、小泉氏自らが登場し「永田町の変人は普通の人間だ。ならば、私は進んで変人であり続けよう」と語り、BGMには若者に人気があったロックバンド「X JAPAN」の「Forever Love」を挿入させました。2005年の総選挙で圧勝した自民側のサウンド・バイトは「郵政民営化は改革の本丸だ」「改革を止めるな」でした。しかし公示期間中に新聞に掲載された政党広告には、なぜ郵政民営化が小泉内閣の目指す行財政改革に繋がる本丸なのか、なぜそれが小さな政府と民営化に繋がる鍵なのかについては論理的な説明はなされていませんでした。また同時期、自民党の武部勤幹事長は、郵政民営化の実現は、多くの親が心配するニートやフリーター問題の解決にもなると言いました。

下記のチャート（図1-1）は、2005年8月30日、自民党が有力各紙に一斉に掲載した政党広告のキー概念です。郵政民営化がもたらす将来の影響を最終的に8つの側面で予測しています。しかし、中心部から周辺部に向かって流れる➤(矢印）がなぜ次の事象に繋がるのかについては、どこにも説明が示されていません。あくまでも、ここでの因果関係の推定は、一政党による願望的予測に近いものです。郵政民営化だけで現政権が抱える重要課題のほとんどが解

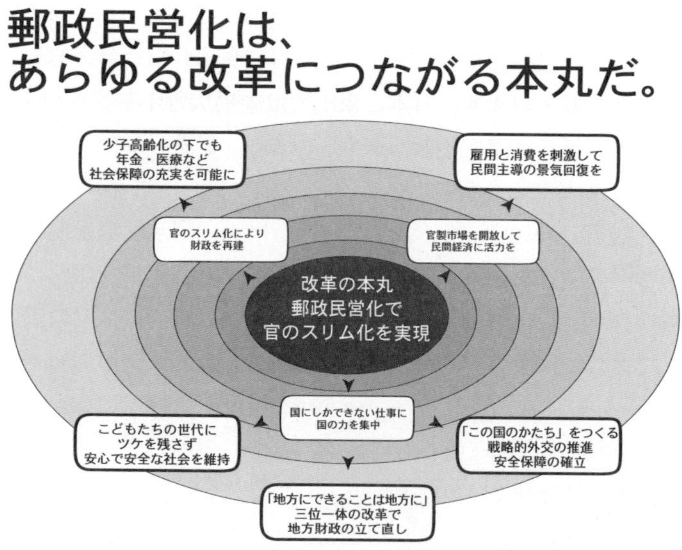

図1-1　2005年8月30日、全国紙に掲載された自民党の政党広告

決に向かうような印象を読者に与えることが目的ならば、問題も生じえます。そこには、飛躍がありすぎるからです。政党広告以外に、郵政民営化がもたらす８つの事象との関係を政府・自民党幹部がどの程度説明しているかについては、朝日新聞・読売新聞を対象に別に調査を行ってみました。分析結果から見てもその説明はけっして十分なものとはなっていません（終章、表6−2参照）。因果関係の論理的明示がないまま、関心がある問題や用語だけを繰り返すのはやはり、サウンド・バイトにすぎないとの指摘も当然起こってきます。これらは、わが国でも確実に映像メディアを意識した政治家によるパフォーマンス政治が定着しつつあることの実例でしょう。

一方米国では、ネガティブ・アドと呼ばれる選挙キャンペーンが盛んになっています。これは、対立候補者の弱点のみを繰り返し指摘して、自分の立場を有利にする手法です。中には、相手の過去の経歴を克明に洗い出し人格攻撃を行い、政治家としての信頼性を問うものまで見られます。日本と米国では中傷広告キャンペーンをめぐる状況は違いますが、サウンド・バイト手法でメディアに自分を取り上げやすくする手法、自らテレビＣＭを作成する手法は、1996年の公職選挙法の改正によって急速に広まりつつあります。このようなマス・メディアを巧みに使ってイメージアップを図ろうとする背後には、スピン・ドクター（Spin-Doctor）と呼ばれる選挙コンサルタントの存在があります。政治家や政党に、メディア上で、いかに効果的に自己演出させるかを指導するプロ集団のことです。このような広報の専門家に演出され、また、メディアが政治家の権謀術数や権力闘争を面白おかしく脚色した政治報道は、有権者に政治ドラマを見るかのような印象を与え、かなりの視聴率をとることができます。その一方で、有権者は政治に対し不信感を高め、政治そのものをくだらないものとして冷笑的に見る効果（The spiral of criticism：カペラ, J. N. & ジェイミソン, K. H. 1997/2005）や映像を知覚していながら意味を理解しようとしない倦怠的視聴行動（Video malaise：Robinson, M. J. 1976）を引き起こし、マス・メディアが有権者の政治参加抑制機能を持ってしまうことも懸念されています。

問題は、今日の民主主義がテレポリティクス（Television Politics）あるいはメディア媒介政治（Media mediated politics）によってなされる割合が高いことではなく、それが政治家によるパフォーマンス優先のイメージ・ムード先行型情報提供によってなされる割合が高くなっている点です。本来、選挙とは「記憶（メモリー）」と「希望（ホープ）」との戦いであるはずです。与党・現職は有権者の記憶に訴えかけ（Retrospective-approach)、野党・挑戦者は自分たちに託してくれれば将来に希望があると説得する（Prospective-approach)。つまり、野党・挑戦者側に将来の夢をかき立てる力量がないと選挙自体が成立しません。記憶も希望もかき立てられないとき、政党・候補者のマス・メディア向けイメージ操作や、報道側が作り上げる劇場化によって世論が影響を受けてしまうことになります。つまり、有権者側に、政策の善し悪しを判断する理性よりも、潜在意識の中の「誰でもいいから今までにないリーダーを求める」という感情が先行し、大衆操作に長けた政治家（Populist）がその心理を読んで演技を行う。さらに、感情に訴えることに優れたメディア（Hot-Media）であるテレビが演出を加え、イメージやムードで世論が形成されていく。必要なのは政策ではなく、エンターテインメント（Entertainment）であるということになります。

もし、イメージやムードで形成される世論以外の世論が必要ならば、市民が十分に情報を与えられ議論した上で形成される公的判断

(Public Judgment) の可能性を論じなければなりません。当該争点について賛成あるいは反対した場合の社会的・個人的利益をできるだけ多面的に比較考量する比較考量型投票の可能性です。現代日本社会において、有権者は後援会にでも入っていない限り、情報はマス・メディアを経由して入手されることが多くなっていることは本章冒頭の調査結果からも明らかです。政党・候補者とマス・メディア合作による政治の劇場化とは異なるパターンで、報道が世論形成に貢献する道を探らなければならなくなります。

3．公衆レベルの比較考量に影響を与えられない政策報道

1999年小渕恵三内閣時の第145国会では、「通信傍受法」「住民基本台帳法改正」「日の丸・君が代法制化」といった国家管理強化に繋がる危険性があると指摘された法案が軒並み通過しました。特に「通信傍受法案」に関しては、全国の法学者451名が「憲法違反の疑いが強く、広く国民のプライバシーや通信の秘密を侵害するとともに、表現の自由を萎縮させ、深刻な人権侵害を生じさせる可能性がある」との声明文に署名し、参議院議長と法務委員長に提出しています。また、日本弁護士会・日本ジャーナリスト会議等多くの文化団体が同様の憂慮から反対活動を行い、同年6月日比谷公会堂で開かれた反対集会には、民主党・共産党・社民党の各党首が廃案を訴えました。それにもかかわらず、一般世論の関心は内閣支持率・各政党支持率の動きから見ても低いものでした。同様の現象は選挙時にも発生しているものと思われます。

つまり、その争点の存在は知っているのですが、その争点の生活面における重要性がわからない。マス・メディアからも伝わってこ

ない。日々の生活余暇にあてる時間を犠牲にして、思慮すべきテーマとは思えないのです。したがって、問題になっている分野の専門家は知識を駆使して躍起となりますが、多くの一般有権者は、法案や政策について熟慮しようとすることなく、蚊屋の外から政府与党対野党・専門家のバトルを眺める構図ができてしまいます。公的判断（Public Judgment）にマス・メディアが貢献するためには、なんとしてもこの壁を破る必要があります。

どの政策も、メリット（利益）とデメリット（不利益・コスト）を持っています。選挙時には、政策の各選択肢において整合的なメリットとデメリットが明らかにされ、どの政策を選ぶかを有権者が選択することが理想です。しかし、通常、与党側は、政党組織内の利益調整を経て、問題解決のための政策を代替案なく打ち出しその利点のみを強調します。多くの層から支持を得るためには、個人レベルまでの予測が難しいことを理由に、各層を刺激しないようなるべく個別具体的な予測は提示しない戦略が有効です。これに対して、野党側は通常、政府・与党側政策のメリット・デメリットを科学的かつ具体的に予測しうる組織的調査力を持ちません。高度な政策情報を集約的に蓄積する中央官僚機構は、原則政府・与党側に内包されています。首相の特権事項である衆議院の解散権が行使された場合などは、その脆弱さはいっそう露呈しやすくなるかもしれません。政策論争で対抗するための時間が足りないためです。このため、極端な場合のデメリットだけを想定し反対することになります。

一方、両者の立場をより鮮明にして視聴者・読者にメリット・デメリットを提示しうるマス・メディア側も、自前の資料室・調査部や研究所にアンケート等の客観的データの蓄積はあっても、独自の政策結果予測能力を十分に整備しているとは言いがたい状態です。

わが国の大手メディアが、大手金融機関が持っているような独自の政策分析を行えるようなシンクタンクを持っているという話は聞いたことがありません。まして、野党が明確な対案を出せないとき、マス・メディア側が自前の提言を行うことは経費・責任の面でも多くのリスクを負うことになります。このため、政策に関しては実質的な立案者たる官僚機構に対する取材に依存することが多くなります(田勢康弘. 1992：pp. 151–152)。政府自民党が圧勝した第44回総選挙後の2005年9月23日朝刊で朝日新聞は、政治部長・東京本社整理部長・東京本社編集局長らが「選挙報道」をメインテーマにした紙面審議会に出席して以下のようにコメントをしています。「今後は政策に関係する記者が集まり、どんなテーマがあり、どう報道していこうかという論議がもっと必要になると思う(政治部長)」「次回はもうちょっとグラフィックを多く取り入れて政策をわかりやすく示すことを課題にしたい(整理部長)」「刺客報道、小泉劇場の問題についてはウォッチドッグという役割が今回は甘かった。また記者の側に洞察力、知識、広い視野がないと切り込めないという点も課題になった(編集局長)」。もちろん、現代社会では政策のメリット・デメリット予測自体が、社会科学的なレベルからみても大変難しいことは確かです。しかしだからこそ、現時点の科学レベルで考えうるメリット・デメリット予測を多くの国民がそれぞれの立場で考え、論議する必要に迫られます。報道側がそれを多方面から取材して編集し、わかりやすく有権者に伝えることがますます大切になりつつあることは明らかです。

4．政策のメリット・デメリットを国民に熟慮させてはいけない

各政策が持つ影響の予測は、複雑化した現代社会では非常に難しいというだけではなく、歴史的に見て、それを国民に熟慮させないという政治的思惑も働いていました。今日「世論」と書いて「セロン」と読んだり、「ヨロン」と言ったりする両者の意味する内容は、本来別のものでした（宮武実知子. 2003：pp. 56–74）。「輿論：よろん」とは、為政者にとって背いてはならないもの、政治が喚起されるもの、代表されるものとして捉えられていました。一方、「世論：せろん」とは「騒然」としていて「喧《やかま》しい」ものであり、時には「扇動」され、また逆に「鎮静」されるべきものとされていたといいます（住友陽文. 2001：pp. 73–74）。また、明治時代の辞書エフ・ブリンクリー『和英大辞典』（1901年）では、輿論＝public opinion/世論＝popular sentimentsと記載され、その根拠とされる明治天皇の２つの文書から見ても、公論である「輿論」は尊敬しても、私情である「世論」の暴走は阻止しなければならないと考えられていた、と指摘されています（佐藤卓巳. 2003a：p. 15）。つまり、世論は、一時的な感情や情緒的判断であって論理的な構成を持たないものであり、漠然としたイメージというものに近い位置付けが与えられていました。

また佐藤は、輿論を少数のエリート間での合意に基づいたブルジョア的なもの、世論は大衆参加を前提としたファシスト的なもの、という分類で示しています（佐藤卓巳. 2003a：p. 16）。ファシスト的世論とは全体主義者が望むような簡単に操作可能な世論です。大衆参加を前提にした民主主義体制のもとでは、為政者にとって国民意

思は、扇動しやすく沈静しやすい世論の方が好ましいことは明白です。争点について国民の多くがじっくり考え、意見を言い合う討議状況が出現するとき、政府は政策遂行の利益が常に国民側にあることを明示して説得しなければなりません。それには時間とコストを要し、政策運営が思うようにいかなくなる可能性も高まります。特に、国民総動員体制をとらなければならない戦時下にあっては、政府が国民意思をコントロールしやすいように輿論は世論と混同されなければなりませんでした。わが国でも、太平洋戦争という国民総動員体制時に、理性としての「輿論」は、感性としての「世論」へと矮小化されていきました（佐藤卓巳．2003b：pp. 11–20）。それには、当時まだ新しいメディアであるラジオ・映画という視聴覚メディアが力を発揮しました。急激な有権者人口の増大は、討論型参加よりも、視聴覚メディアを通しての一方的な情報伝達への傾斜と瞬時的な感情・情緒的反応としての幻想的参加を生来しやすかったためです。

20世紀に娯楽性の高いメディアを駆使してこの手法を政治的プロパガンダとして確立したのが、ナチス・ドイツの啓蒙宣伝戦略です（平井正．1995）。ユダヤ人数百万人の抹消を計画したナチス・ドイツは、計画の是非などを他のドイツ国民に絶対に熟慮させてはなりませんでした。そのために人間の心理・社会心理に関わる多くのメカニズムが考察され、宣伝・啓蒙に投入されていきます。たとえば、ナチスは当時の先端メディアであったラジオや映画を使い、「ユダヤ人種の劣等性は科学的な遺伝子（DNA）レベルで証明される」と言いました（井上・木畑他．1989：p. 246）。これは、世界最高峰のドイツ医学界の権威ある指摘であり、放置すれば、ユダヤ人以外の人種に害悪を与える存在であるという説得です。DNAレベルの話など一般庶民レベルで短時間に検証できるような内容ではありません。しかし、人種レベルの遺伝子が人間としての社会的価値を決めるというのは関心・興味がそそられる内容です。ヒットラーは商品を購入してしまえばすぐわかるような「小さな嘘よりも、個人レベルを超えた大きな嘘」の方が効果的であり、それを権威のもと100回連呼すれば次第に真実と捉えられるようになると考えていました（ヒットラー, A. 1925/2001 邦訳改訂版上巻：pp. 241–243）。そのときの原則は、決して新しい意見や価値を口説くのではなく、すでに人々の中にあって眠っている、ある感情や漠然とした願望を刺激して揺り動かすこととされました。これらを刺激して活性化させ、説得に対して防御的に働く理性・知性を麻痺させていきます。これも明らかに、ファシスト的世論形成を意図したものです。対抗する知性や理性を麻痺させる手法の１つです。潜在的既存意識の活性化では、人は決してその意見や主張を押し付けられたとは思いにくいものです。あくまでも自分自身の決定として受け止めやすくなります。自分が心の底ではずっと思っていたが、はっきりと口に出して言えなかったこと、孤立を恐れて控えていた本当の気持ちを明確にしてくれた。これは心地よいだけでなく、曖昧な気持ちを確信や行動に変える力を持つことになります。

また、反ユダヤ主義強化のための世論作りには、キリスト教文化圏でのユダヤ民族に対する一種の嫌悪感と、第一次世界大戦敗戦時のドイツにあっても比較的富裕層であったユダヤ人への潜在的嫉妬心を利用したと言われます（デニス, P. 他. 1983/1999：pp. 272–297）。通常、口には出せず深く考えないようにしているが人の心の底に横たわる意識、たとえば、自分よりすぐれたもの・美しいものに対する憧憬の気持ちと妬みの気持ち、自分より劣ったもの・醜いものに対する奉仕の気持ちと差別的優越感。知性・理性面では仲良くしなければならないことはわかっていても感情面では嫌いといった二律背反状態は、人間の心では多分に起こりえます。このような潜在的な嫌悪感情に、「人種の劣等性は科学的な遺伝子（DNA）レベルで証明される」といった個人の体験的学習レベルを超えたメッセージを、権威と娯楽性の高いメディアによって単純化し、断定し、反復して訴えかける。この広報戦略には、情念は理性よりもはるかに早く反応するという緻密な計算がありました。また当時のドイツの状況は、第一次世界大戦での敗北で社会が混乱し、多くの人の生命が危険にさらされるような状況でした。このような従来の社会規範が制度的に機能しないときには、多くの人々の理性的行動機能は弱まり、ファシスト的世論形成が容易になっていたとも考えられます。

結果として、第二次世界大戦ではドイツだけでなくわが国でも多くの命が失われました。いずれも当時の国民的熱狂が虐殺や戦争遂行の原動力であり、それにメディアが大きく関与しました。このような短期間で助長される画一的世論は、本来「動物の突発的な集団逃避行動」を意味するスタンピード（Stampede）と呼ばれることがあります。また、このような行動を煽る者を、本来「台詞の振り付け役」を意味するプロンプター（Prompter）とも呼んでいます。

最も重要な点は、このような世論の性格が、戦後の国民主権と参加を前提とした政権運営にとっても適していた点です。討議を経た合理的意見よりも単に好き・嫌いといった私情に基づいた情緒的な意見の方が、権力側にとっては扱いやすいものです。つまり、政治家は、国民の政治意識を漠然としたイメージとしての世論レベルに留めておきたい衝動を常に持つことになります。直接参加を呼びかけて、その体験を感性的な視聴覚体験レベルに押し留め、コントロールしやすい状態に置いておく。この衝動は、やがて、政府が推進する政策は、すべてを伝えることで国民に熟慮などさせてはいけない、という発想にも繋がりやすいものでした。

5．為政者がコントロールしやすい視聴者・読者とは

では、どのような視聴者・読者がコントロールされやすい属性を持つのでしょうか。図1–2は、視聴覚メディア全盛時代の政治情報に対峙する視聴者・読者の状況を鳥瞰図的に３分類したものです。各層の視聴者・読者は、接触量に大小はあっても、すべて報道内の争点情報に接しています。この条件のもと、同心円中心部のＡ層は、有権者は相互に対話ができ、相手の言うことに納得はできなくとも理解できるグループです。その外側のＢ層では、受け手は、同じ政治テーマに対し、自分の意見を積極的に持たなくとも、パーソナルな情報ネットワークを持ち、対人関係から意見や情報を聞くことができるグループです。次章で見るクラッパーやラザーズフェルドらが研究してきた、情報の２段階の流れに関与する受け手群です。一番外側のＣ層は、マス・メディアにはよく接触していますが、パーソナルな情報ネットワークを持たず、対人関係の中で意見や情報を交換することもあまりないグループを想定しています。もちろん、その同心円の外側にもＤ層としての有権者は存在しますが、メディア情報にもパーソナル情報にも接触しないため、メディア効果を扱う本書の視点からは外れています。ただし、各層に入る有権者は、争点によって入れ替わります。Ｘ争点では仕事・生活上でも関わりが高いのでＡ層に入り、Ｙ争点では、関心・知識がそれほど多くないので、Ｃ層に分類される有権者もいるでしょう。そして、為政者

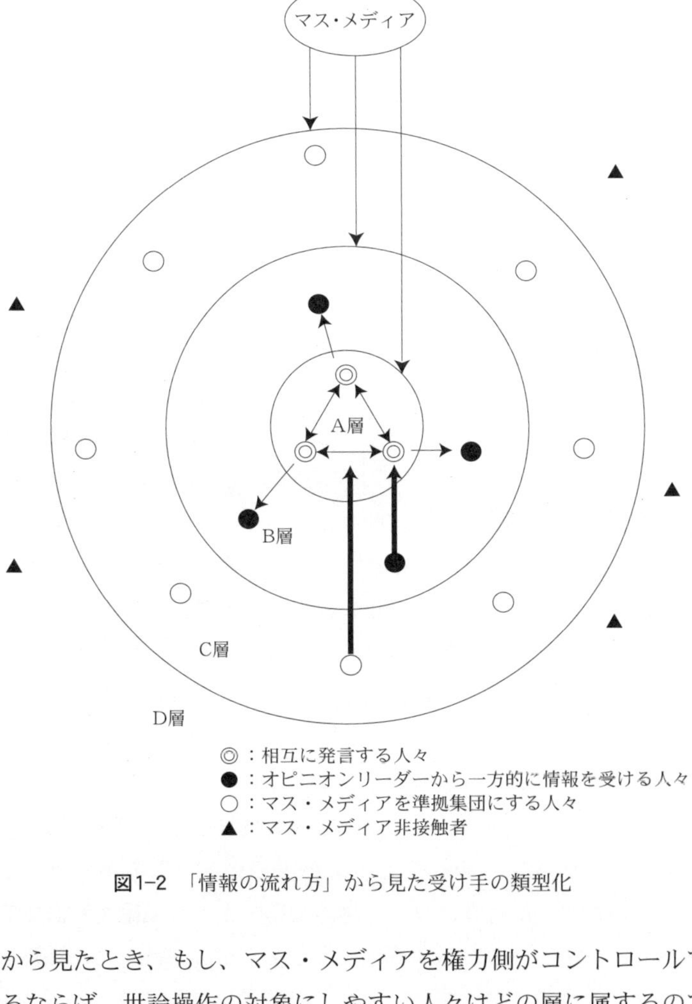

図1–2　「情報の流れ方」から見た受け手の類型化

側から見たとき、もし、マス・メディアを権力側がコントロールできるならば、世論操作の対象にしやすい人々はどの層に属するのでしょうか。多様な争点を総合的に見られるならば、それはＣ層に入ることが多い視聴者・読者です。彼らは、周囲の人と対話できるコミュニケーションチャンネルと基礎知識が不十分なまま、政治情報源としてのマス・メディアルートに接触する傾向性を高く持ちます。もしマス・メディアが為政者寄りの報道をしたときには、対立する情報の比較考量を自身で行うという熟慮がしにくい状態に置かれています。

このA・B・C３層の視聴者・読者の性格は、ナチス・ドイツが興隆した当時のドイツ国民が置かれていた精神状態を社会心理学的に分析したエーリッヒ・フロムの著書『自由からの逃走』中のエピソードに登場する３種類の人物像に相関する部分があります。下記は同書からの引用です（フロム, E. H. 1965/1971：p. 209–210）。

「あなたがある島にいると仮定しよう。そこには、漁師や２人の都会からきた避暑客がいる。天気がどうなるかと思って１人の漁師と２人の都会人に尋ねてみる。かれらは皆ラジオの天気予報を聞いている。漁師はわれわれが尋ねるまではその意見を決めていなかったとすれば、天気についての長年の経験と交渉を基にして考え始めるであろう。かれは風向きや湿度などが天気予報のためにどんな意味をもっているかを知っている。そこでさまざまな要因をそれぞれの意味に従ってはかり、はっきりとした判断に到達するであろう。かれはおそらくラジオの天気予報を思い出し、それを引き合いに出すであろう。しかしそれにしてもまず自分自身の意見が先にあり、それにラジオの天気予報が一致するかどうかをいうであろう。もし違っていれば、かれは自分の意見の根拠をとくに慎重に検討するであろう。しかし、ここが本質的な点であるが、かれがわれわれに語るのは、かれの意見であり、かれの思考の結果である。」

この漁師は、A層の視聴者・読者です。彼は、ラジオからの天気予報をまったく無視しているわけではありません。しかし、同時に自分の仕事と生活に深い関わりを持ってきた天候状態に対して、自分の体験に基づく自分なりの知識・意見を持ちうる点が他の２人の避暑客と異なる点です。同書での、他の避暑客についての記述です。

「都会から来た２人の客の一人にその意見を聞いてみると、かれが知っていることは、天気についてはよく解らないし、また理解する必要もないと感じているだけである。かれはただ、『私にはわかりませんね。ラジオはこういっていましたよ』と答える。」

この避暑客は、自分の天候情報がラジオに依存したものであることを知っています。したがってもしそのラジオ情報があてにならないことが告げられ、それが重大な結果をもたらすことを教えられたときは、その場に居合わせる漁師に尋ねることができる存在です。なぜならば、自分の意見とラジオ予報との区別ができているからです。つまり、パーソナルな情報ネットワークを併せ持つことができるタイプです。しかし、別の避暑客にはそれさえできない危険性があります。

「第二の人はそれとは違ったタイプの人である。かれは実際には天気についてほとんど何も知らないのに、非常に多くのことを知っていると思い込んでいる。かれはどんな質問にも答えなければならないと感じている。かれはちょっと考えてから、『かれの』意見を教えてくれる。その意見はラジオの予報と一致している。かれにその理由を聞くと、風向きや温度でそう考えたと答える。この人の言動は外から見たところでは漁師の言動と同じである。けれども、もっと立ち入って分析してみるとかれはラジオの予報を聞き、それを受け入れたということが明らかになる。(中略) かれはわれわれに示した理由が、みずからの意見の前提になっていると思い込んでいる。かれはみずからの意見に到達したように思っているが、実際には気がつかないままに、ある権威の意見を受容しているにすぎない。天気についてかれが正しくて漁師の言っていることが誤っていることも十分にありうることであろう。しかしそのときに正しいのはかれの意見ではない。ラジオの意見にすぎない。それに対して漁師は実際『かれ自身』の意見において誤ったのである。」

フロムは「メディア報道を通じて世論操作の対象にしやすい人はこのタイプの人」と言いたかったのではないでしょうか。なぜなら彼は、情報源がマス・メディアルートに一元化されていながら、それを自分の意見と混同しているからです。図1–2ではこのタイプの人はＣ層に入ります。フロムは、この避暑客の置かれた情報認識の仕方は、「集団催眠」が引き起こす危険性にも関連すると考えています。ここから政治学的課題が生じてきます。いかにＣ層の有権者をＡ層やＢ層に、Ｂ層の有権者をＡ層内に回帰させて、複眼的な情報ネットワークに所属させることができるか、という課題です。図1–2の上向きに引かれた矢印はそれを意味します。

それには、争点に関する事実情報が必要ですが、それ以上に関連情報を求める動機付けが必要です。もっと知りたいという動機付けがなければ、たとえ事実情報が多くあったとしても関心を払うことさえできません。たとえば、ある争点への賛否が自分の身や家族や財産を守ることに直接繋がると認知したならば、有権者はより中心部に向かって動き出すはずです。メディアはこの動きにいかに貢献しうるのか。これが本書での、政治メディアの「熟慮誘発機能」の意味です。

現代社会が高度に専門分化するに従い、政権・各党が掲げる政策争点を一般有権者は熟慮しにくくなります。社会の複雑化は、多くの生活者から見て自分の短期的利害との関連が読めないような公共的問題を増加させます。与党案の骨子や野党案の骨子、海外での先行事例、有識者の意見だけを報道されても、なぜ所属集団の存続や自己信条、自分の経済的な生活に関係するのかを予測することができません。一方で、政治現象を面白おかしく短絡的に報道することへの視聴傾向は、感情・情緒的反応を引き出しやすくなっていきます。

このような現状の中でなお、政治争点をめぐって有権者が熟慮し政治過程に参加することが有益であると言うならば、争点情報を噛み砕いて理解するまでに有権者が支払わなければならない精神的・時間的・経済的コストを節約する方法が開発される必要があります。それには、どれだけA層に入る人を増やせたかという視点から主要メディアの報道を、効果測定する作業も含まれます。そのことによって、メディア効果論が世論形成だけでなく輿論形成にも関わることができます。本書の目的もここにあります。これまでのマス・メディア効果モデルとその測定作業は、受け手をどれだけ送り手の意図通りに説得あるいは認知させたかという点（同調力）にだけ多くの注目を払ってきた、という指摘があります（大石裕．2005：pp. 101–117)。そこでの測定作業では、効果モデルに内在するイデオロギー的側面への緊張感が乏しく、健全な民主主義の発展にマスコミュニケーションが寄与する視点が希薄になっていると言います。同様の指摘は「特定の人々がマス・メディアを通じて受け手を支配する構造を明らかにすること」を主要な目的にしてきた批判学派（Critical School）の研究者からも見られます（Curran, J., Gurevitch, M. & Woollacott, J. 1982 : pp. 23–28 ; Rogers, E. M. & Balle, F. 1985 : pp. 297–307 ; 佐藤毅．1986：p. 228)。このような指摘に対して、本書で提唱するメディアの熟慮誘発機能という効果測定軸はどのような関係に立てるのでしょうか。熟慮誘発機能の理論的検討に入る前に、次章では、これまでのマス・メディア効果モデルは、何を測ってきたかを時系列的に整理してみることにします。

2章

効果研究は
受け手の何を測定してきたか

1.「認知」「説得」型から「熟慮誘発」型効果測定へ

これまでのメディア効果研究の主流は、争点「認知型」と争点評価「説得型」のどちらかに分類されてきました。背景には、観察可能なコミュニケーション効果が「説得」による「態度変容研究」に重点を置き、①意見変容、②感情変容、③行為変容、④知覚変容の４点に長い間注目してきたことがあります。しかし、近年わが国でも叫ばれるようになった、政策投票を各党マニフェストによって促進しようとする機運は、メディア効果測定軸にも新基準を求めつつあるように思います。マニフェストとは、「願望リスト：Wish-list」にすぎないとされてきた従来の政党公約に対し、実行方法や達成時期、財源、数値目標の提示を求め政党ごとに競い合わせるという考え方です。現代の政治争点は複雑です。有権者から見て自己の生活体験・知識からだけでは、多様な争点の生活への影響を具体的にイメージしにくい。だからこそ、政党・候補者は、マニフェストによってそれを具体化し可視的にする必要に迫られます。この取り組みで、有権者の政治への関与度を高めることが期待されています。

しかし、政党・候補者側は、自己に都合のよい説明を行い、一般有権者にとって好ましくない影響部分を故意に隠したり、曖昧にしたりすることも考えられます。したがって、メディアは、その部分を第三者の立場から読み込んで有権者に対し提示する役割を与えられます。同時に、これらの変化は、メディア効果研究者にとっても新しい基準を要求します。マニフェスト内容を報道する記事・ニュースの一つひとつがどの程度、視聴者・読者を考えさせたのか。記事・ニュースが総体としてどのくらい考えさせたのか。つまり、争点認知や態度形成への効果ではなく、熟慮誘発度の側面からメディア効果を測る研究の必要性です。

この作業の一環として本書では、熟慮に至る情報処理過程の入り口部分に注目してみます。それは、メディア報道から熟慮が誘発される部分への注目です。効果測定点は、認知面、感情面、評価面のいずれでもありません。認知面に議題設定された後の後続効果であり、評価形成に至る思考過程での測定です。従来、政治メディア効果研究では、思考の材料となる情報の「認知」か、その結果生み出される「感情」「評価」への影響に注目してきましたが、メディアの熟慮誘発効果は、争点認知と感情・評価発生までの中間領域へ注目します。熟慮をしてみようという動機形成過程への影響力を問題にします。

現代社会においては、視聴者・読者が積極的に争点熟慮を試みても、よくわからない・結論が出ないという状況も想定されます。政治争点の構造は複雑になっています。忙しい日常生活の合間を縫って、非専門家としての一般有権者がある時期だけ熟慮をしようと思っても、すぐに正解が浮かぶほど争点は簡単ではありません。それでも本書は、有権者が積極的に争点熟慮を試みようと思うこと自体に意義があると考えます。少なくとも1章で見たような、争点をめぐる熟慮動機そのものが存在しない状況よりはるかにましだからです。

また、メディアの熟慮誘発機能は、認知という議題設定機能とともに発生するものです。したがって、権力側が意図的に議題設定させるその操作性に全面的に対抗できるものでもありません。いわゆる有権者に大切な争点が隠されて議題設定された場合には、メディアがいくら有権者を熟慮誘発させたとしても、隠された争点に有権者が到達できることはありません。この点においてもメディアの社会的責任は重大です。有権者が熟慮するに値する争点を細心の注意を払って切り取らなければならないからです。しかし、切り取った争点には、有権者の熟慮動機を活性化させる内容が含まれていなければなりません。報道が熟慮誘発機能を高められたとき、権力側の操作性に対してメディア側も視聴者・読者側も防波堤を持つことができます。本章では、この熟慮誘発効果の視点をより鮮明にするために、従来のメディア効果モデルとの関係からその視点の位置付けを見てみます。

2. 評価面の効果測定①――補強効果

1940年代から50年代にかけてのメディア効果研究の主要な成果は、メディア効果は「受け手がすでに持っている潜在的価値観・信条・態度・感情をはっきりさせる点にのみ効果が認められる」という限定効果論でした。すでにある価値観や感情を変化させて、判断対象への評価を改変するというような強力な効果は持ちえないというものです。しかし、この測定が注目する点も、視聴者・読者がすでに持っている評価に対する説得力である点には変わりありません。

1940年の米国大統領選挙の際、コロンビア大学のラザーズフェルドら（1948/1990）は、オハイオ州エリー郡の600人ほどの住民を対象にした調査から、報道と投票行動の関係についてある発見をしました。発見の内容は、メディアを通じて行われた候補者からのメッセージは、受け手の投票意図を変えるほどの強力な効果を生むことは稀であるという点です。ラザーズフェルドらが示した主要点は以下の通りです。

①政治争点に対する関心が高く、すでに投票意図が決定しつつある人は、よくメディアに接触し、そうでない人はあまり接触しない。この現象は「先有傾向による選択的接触」と呼ばれるようになりました。
②メディアを通じての情報は、各小集団内のその争点に関心があるオピニオンリーダーに流れ、彼から集団内の非活動的なメンバーに流れる。この現象は「情報の２段階の流れ」と呼ばれるようになります。
③メディアを通じての情報は、既存の意見を改変させるのではなく、既存の潜在的な意見を補強して活性化させる働きの方がはるかに大きい。この効果は「メディアの補強効果」と呼ばれます。

限定効果論の背景には、メディア報道は、一人ひとりの受け手に直接効果が及ぶのではなく、まず、集団内のその情報に関心のあるオピニオンリーダーが情報を摂取し、彼の所属する小集団のメン

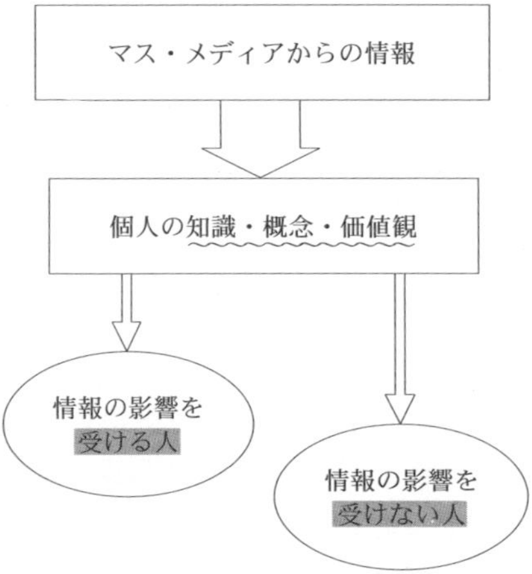

図2–1 選択性メカニズムによる影響の差異

バーにパーソナルコミュニケーションで伝えていくという考え方があります。つまり、オピニオンリーダーがゲートキーパーのごとく、メディア報道から彼の関心や嗜好にあった情報を選択していき、マスコミ効果の影響力を緩和させる働きをしているとの考えです。

その後も、クラッパー, J. T. ら（1960/1966）多くの研究者が同じような検証結果を示し、メディア報道が「補強効果」しか持ちえない原因を、受け手が「選択的接触」(selective–exposure) を行うからであると説明しました。「選択的接触」とは、既存の好み・価値観・関心に関連した情報だけを摂取しようとする心理的傾向のことです。また、この既存の好み・価値観・関心などのことを「先有傾向」(predisposition) と呼びました。図式化すると図 2–1 のようになります。

3．評価面の効果測定②——先有傾向をどのように考えるか

1960年代から70年代に入り効果研究は、メディアの態度・評価面に対する影響を再評価しようとする動きを強めます。これまでの「選択的接触」による「補強効果」という限定効果論に対抗していきます。まず、先有傾向の再定義とテレビの威力が反論の糸口になりました。シアーズとフリードマン（Sears, D. & Freedman, J. L. 1967：p. 194）、ワイズ（Weiss, W. 1969：p. 156）らは、ラザーズフェルドらの指摘する「人々は、関心があり支持する情報には接触するが、関心がなく支持しない情報には接触しない」という選択的接触効果の考え方に対し、その原因になっている「先有傾向」の捉え方に疑問を呈します。彼らの主張ポイントは以下の点です。

①「先有傾向」とは、メディアからの情報を絞り込むような厳格で狭いものではない。当初関心がなく支持しない情報でも、異なる政治的意見にも公平に接触すべきであるという文化規範や、異なる政治的意見からも有用性を発見しうるという知識・経験を人々は持っている。これも先有傾向ではないか。

②「選択的接触」とは、当初関心がなく支持しない情報にはまったく接触しないというように理解すべきではない。そうではなく、自分が評価しない情報源より、自分が好む政党や候補者の意見を伝えるメディアに多く接触する傾向性が高いという程度に捉えるべきである。

また、ドイッチマン（Deutschmann, P. J. 1962：p. 240）は、当時

の米国大統領候補であったニクソンとケネディの間で1960年に行われたテレビ討論への視聴傾向を分析して、新聞に代わって60年代に米国のほとんどの家庭に普及したテレビの影響力は、「選択的接触という意識的選択性を圧倒し、受け手の視聴に到達する力を持つ」と主張しました。新聞がメディアの中心であったときと異なり、テレビの普及した時代にあっては、劇的で娯楽性に富んだ情報提供が可能になり、受け手は番組をさりげなく視聴することで、反対側の意見や多様な意見に接している現実を示したのです。

「先有傾向」がこのように情報を選別する強力なフィルターでないことになると、当然、「情報の２段階の流れ」モデルもメディア効果を限定するのではなく、逆に、効果を増幅するものとして働く可能性が出てきます。竹内郁郎（1966：p. 81）は、小集団内の会話

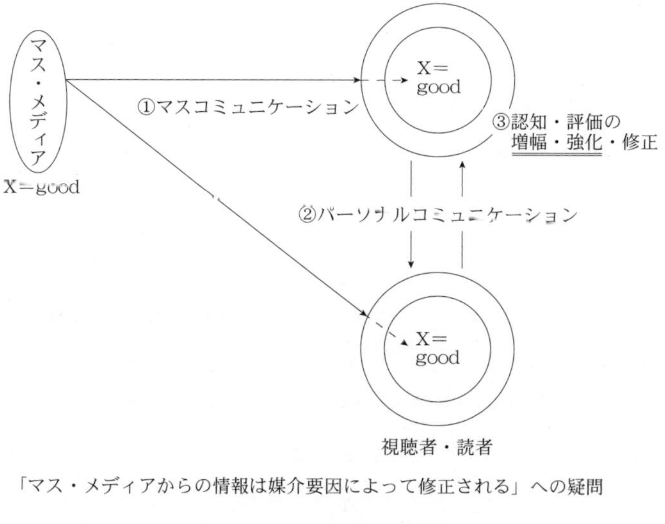

「マス・メディアからの情報は媒介要因によって修正される」への疑問

図2-2　コミュニケーションの２段階の流れ理論

によって、個々人が部分的に接したメディア情報が完全な形に復元されていく過程を発見しました。つまり「情報の２段階の流れ」が、メディアから個人への直接的影響を遮断するのではなく、逆に、広く行き渡らせる機能を果たしていると指摘しました（図2-2参照）。以上のような指摘から、先有傾向を軸とするフィルター作用と選択的接触作用によってメディアの説得的効果は減殺される、という限定効果論は挑戦を受けることになりました。しかし、メディア効果再考を促すその視点は、視聴者・読者の評価面への影響を問題にしていることには違いがありません。

４．認知面への効果測定——議題設定効果

さらにこの時期、先有傾向・選択的接触という考え方への疑問だけでなく、まったく別のメカニズムで、メディアの効果を再評価しようとする研究も示されてきました。ポイントは、メディア効果測定点を受け手の態度レベルから認知レベルに移行させた点にあります。メディア報道の認知面への影響に注目してみましょう。

マコームズとショウー（McCombs, M. & Shaw, D. 1972：pp. 179–187）は、メディアの直接的認知面での効果を確認するため 1968 年の米国大統領選挙に際し、ノースカロライナ州チャペルヒルで調査を行いました。その結果、町のメディア（５つの新聞・２つの雑誌・２つのテレビネットワーク）が強調したキャンペーン争点と、面接調査をした投票意図未決定の有権者 100 名が重要視している争点との間に、強い相関があることが示されました。つまり、メディアは、特定の争点を強調して報道することにより、政府見解に「賛成か反対か」という態度面ではなく、「この争点が今重要議題である」という認

知面に影響を与えていると主張したのです。今では、この側面はメディアの議題設定機能（The agenda-setting function）と呼ばれています。

議題設定機能仮説は、メディアが特定の争点や人物を大きく取り上げれば取り上げるほど、受け手の側でもそうした争点を重要なもの、注目すべきものとして知覚する、ということを指摘します。また、争点の認知だけではなく、報道量の多さに比例して、争点への優先順位も高くなるようであれば、議題設定機能も強力になると考えます。図2-3は議題設定機能モデルの大枠を示したものです。

竹下俊郎（1988：p. 89, 1998：Ch. 3）は、その後の研究で議題設定効果にもいろいろなレベルや随伴条件があることをまとめています。議題検出レベルでは、①集団レベルで重要と個人に知覚される

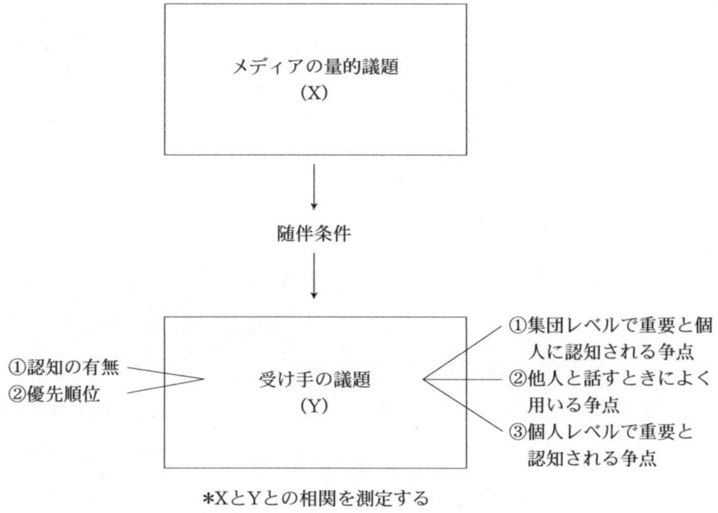

図2-3　議題設定機能のフレーム

争点、②他人と話すときによく用いる争点、③個人レベルで重要と認知される争点、が考えられています。また、随伴条件としては、①争点（身近なものより疎遠なもの）、②メディア（新聞は長期的な設定、テレビは短期的な設定）、③受け手の属性（性別・年齢・職業・メディアへの接触頻度・争点への関心度）による効果差、④時間（報道と測定までの間隔による効果差）（小川恒夫．1991：pp. 100–136）等が指摘されています。

たとえば、争点の「身近さ・疎遠さ」で議題設定効果の強さが異なるというのは、以下のようなことです。争点の性質が「増税・景気対策・医療費負担額の引き上げ」など、多くの人にとって、馴染みやすく、自分の生活体験や知識から自分の生活への影響度を想定しやすいときは、マスコミの報道量に関係なく、争点の議題としての重要度が決定されやすい。あるいは、相対的に少ない報道量であっても、視聴者・読者の認知力に強い着火力を持つことができる。

一方、争点の性質が「政治制度の倫理的改革・行政改革・金融機関救済のための公的資金導入・環境問題・エネルギー対策」など、政策実行の自分の生活への影響度を想定しにくいときは、マスコミの報道量に相関して、議題の重要度が決定されやすい。つまり、認知の定着には、相応の報道量とそれへの接触頻度の大きさが必要とされます。特に、メディアへの接触頻度が高く、争点への関心が高い場合には、メディアの議題設定力は報道量と正比例しやすいと言われています（マコームズ, M. 他．1991/1994：p. 28）。もちろん、争点の持つ身近さ・疎遠さは、個人が現在置かれている生活環境によって異なってきます。誰に対しても身近な、あるいは疎遠な争点というものは存在しないでしょう。長年看護を必要とする寝たきりの家族を抱えてきた人にとって、介護問題は身近な争点となり、引きこもりの子供を持つ親にとって教育問題は身近な争点です。原発の周辺に住む人にとってそれは身近な争点となります。このような場合、マスコミの報道量に関係なく、争点の議題としての重要度で議題設定されやすい、と考えられます。つまり、相対的に少ない報道量であっても、視聴者・読者の認知力に強い設定力を持つことができる、というものです。

しかし、自己の生活圏内にこれらの問題を何ら抱えていない人にとっては、疎遠な争点にすぎません。裕福で何の生活上の障害を抱えることなく育ってきた都会に住む大学生にとって、上記の争点は疎遠なものになりえます。このような有権者は、自己の生活体験や知識から争点の重要性を読むことができにくい状態に置かれます。この場合、接触したメディア報道量の大きさが、争点議題としての重要性認識に影響を与えると議題設定モデルは考えることになります。

議題設定機能の随伴条件は、メッセージ主題に対する「関心度」とメッセージ主題に対する「当初の確信度」によって議題設定力を分類しようとする研究「オリエンテーション欲求仮説（Theory of need for orientation)」からもまとめられています（ウィーバー, D. &マコームズ, M. 1981/1988：p. 105)。これは、外部から情報を摂取したいという動機づけを「オリエンテーション欲求」と呼んで、その欲求の強さの程度を、①政治的争点への関連性（Relevance）と、②投票態度の不確実性（Uncertainty）との組み合わせから図 2-4 のように高・中・低に３分類する手法です。このことによって、外部から争点議題に関する情報を摂取しようとする際の動機付けの程度を説明します。たとえば、争点に関心が高いが、争点に対する態度を決めかねているときは、外部情報志向欲求が高くなり、情報の摂取動機も高まって議題設定効果も高くなるというものです。わが国におい

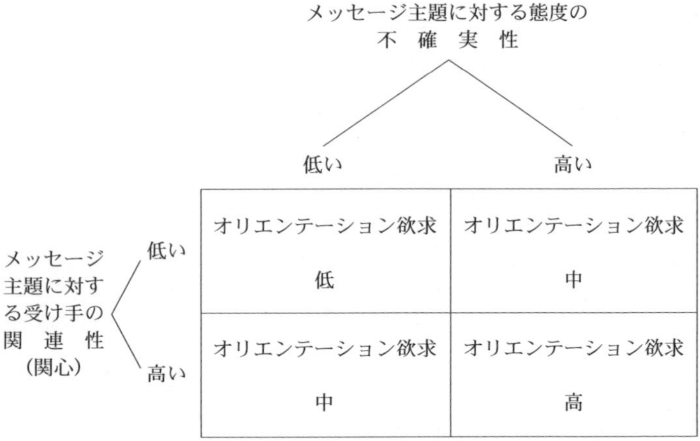

メッセージ主題に対する態度の

不 確 実 性

		低い	高い
メッセージ主題に対する受け手の関連性（関心）	低い	オリエンテーション欲求 低	オリエンテーション欲求 中
	高い	オリエンテーション欲求 中	オリエンテーション欲求 高

図2-4　「オリエンテーション欲求」と議題設定効果の関係

てもこの仮説はおおむね検証されるとの報告が示されています（時野谷浩．1984：pp. 81–94）。このように分類できる認知レベルで発生する議題設定機能と熟慮誘発機能との関係については、第４章でさらに詳しく考察してみることにします。

5．評価面への効果測定③——枠組み設定と点火効果

さらに、1980年代に入ると、上に述べた認知面への議題設定効果が、政治現象や政治論議を一定の枠をはめ込んでしまうメカニズム（鶴木眞．1988：pp. 97–114）や、自動的に評価面まで影響を及ぼしてしまうメカニズム（Iyengar, S. & Kinder, D. 1987：pp. 63–111）が提示され始めました。メディア効果は認知面だけに留まるものではなく感情や評価面と密接に関連する、という主張です。しかし、認

知が感情や評価に自動的に繋がるメカニズムは、簡略化された思考過程への注目でもあります。それは、熟慮動機を刺激させない情報処理パターンへの注目と見ることもできます。

アイエンガーとキンダーは、米国大統領選挙に際し、投票間近の候補者の外交手腕についての議題設定が現職大統領の評価全体に影響を与えたことや、テロやホームレス、犯罪といった現象の原因起因先を、①政府の政策運営上の問題として枠付けるか（テーマ的フレーム）、②あくまでも当該個人の問題として枠付けるか（エピソード的フレーム）によって、現象への受け手の印象が異なることを調べています（Iyengar, S. 1991）。彼らは、先行情報からイメージ・感情・評価が一度形成されると、後続の関連情報もその評価の影響を受けるという情報処理メカニズムに注目しました。この効果を「点火効果（priming-effect）」、この過程を「簡略的（heuristic）情報処理」と呼びます。大脳生理学的に言うと人間の脳には約60兆個の細胞が存在し、それぞれが情報を蓄積しながら相互に神経組織で結びついています。人間は、この情報貯蔵の仕組みを通して情報処理を行い、処理コストを簡素化していると言うのです。この既存知識の連鎖網とそれに付随している固定観念の連結全体のことを「スキーマ（schema）」と呼んでいます。

アイエンガーとキンダーが考えた「テーマ的フレーム」対「エピソード的フレーム」以外にも、マス・メディアが取り上げるいろいろなタイプの枠組みが多くの研究者によって指摘されています。しかし、それら枠組み設定研究が提起した問題は、争点のある側面（ある属性部分）だけを、メディアが意識的に取り上げたときにどうなるかということでした。つまり、受け手のスキーマ連鎖を事前に想定してメディアが枠組みを設定したとき、それは意図的な補強効果を作り出すことになると考えました。意図的な補強効果は強力効果のメカニズムになりうることを指摘したのです。第２レベルの議題設定機能（属性型の議題設定機能）とも呼ばれる「枠組み設定機能（framing function）」の提唱です。しかし、このモデルも、認知面への効果が評価面へ連動するメカニズムに注目するもので、熟慮誘発という視点を含むものではありません。

特定候補者の選択という人的争点と枠組み設定との関係を具体的に考えてみましょう。たとえば、Ｘ党の○○選挙区の新人候補者Ａは、経済政策・外交問題に能力が高く、人権問題・福祉問題には業績がないとします。一方、Ｙ党の新人候補者Ｂは、外交問題・人権教育問題に能力が強く、経済政策・福祉問題には業績がない人です。この場合、Ｘ党はその選挙区をカバーする有力地方メディアにどのような議題を設定してもらうように働きかければよいのでしょうか。地方有力メディアが経済政策を第１の選挙議題として設定したとしたらどうなるでしょうか。経済政策で功績業績があるのはＡです。つまり、選挙区の視聴者・読者に、無党派層と呼ばれる政策投票を志向する人が多い選挙区風土であるならば、自分たちで話し合う争点は、経済政策でどの候補者が頼もしい人か、ということになります。これは、人権・教育問題に特に功績のあるＢにとっては不利ですし、他の争点（外交や福祉）では差が出ないので、この議題設定ではＡに有利になります。この場合、有力地方メディアは、どちらかの候補者をはっきりと支持する姿勢を示してはいませんが結果としてＡを支援することになります。つまり、メディアが説得効果を持つと言うよりは、自動的に特定の評価に繋がりやすい議題を意識的に枠組み設定することで、政党や候補者の評価を誘導しています（図2-5参照）。

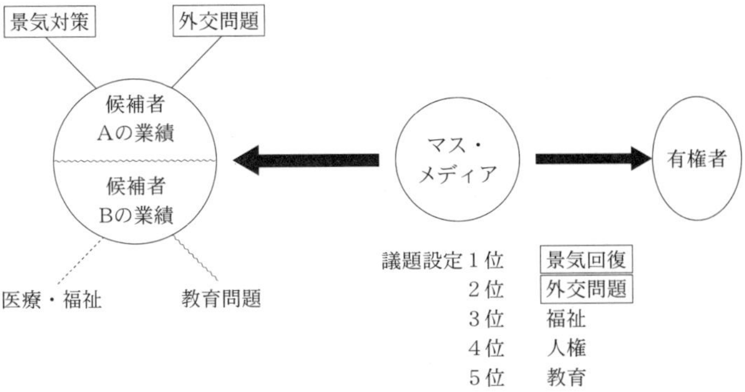

図2–5　メディアフレームと有権者の候補者評価

もっと身近な例では、「二世議員的手法」「官僚的発想」という言葉自体が、ある意味合いを持ってしまうことがあります。その特定イメージが多くの視聴者・読者に共有される幅が広いほど、特定候補者に対しあるイメージを先入観として植え付けることになります。このような用語が多く投げかけられるならば、特定のスキーマが点火され活性化されやすくなりますが、政治家としての資質についてはよくわからないままです。それを個別総合的に判断させ、候補者間で比較考量させないで特定評価・イメージだけを強調させる力を、どの程度メディアが持つかに注目するモデルが枠組設定機能です。

もう1つ、枠組み設定機能と点火効果の例を考えてみましょう。たとえば、政府与党が「金融機関救済へ公的資金導入の必要性」を主張したとします。マス・メディアは一斉にそのテーマに関する報道量を増やし、①原因としてのバブル期における政府金融行政、②大手金融機関を優先する政府のご都合主義、という側面だけを強調します。一方、銀行が救済されることで生じる「連鎖倒産の防止」

や「失業率向上への社会不安の解消」、「為替や株式市場への影響」といった側面をあまり報道しないとしましょう。この考え方を概念化したものが図 2–6 です。

この場合、政府の怠慢やご都合主義という点には、すでに受け手が否定的な評価を抱いているため、マス・メディアが政策自体を強く否定しなくとも、受け手は主体的に、政策に対しネガティブな評価を下すという現象が生じやすくなります。つまり、マス・メディアによる議題設定機能は「枠組み設定機能」ともなって、点火効果を生じさせます。マス・メディアが説得効果を持つというよりは、ネガティブな評価に繋がりやすい議題や枠組みを意識的に設定することで、政府や政策への評価を誘導している点がポイントです。

その誘導の中心となるのが、さまざまな連想や思考を生み出すス

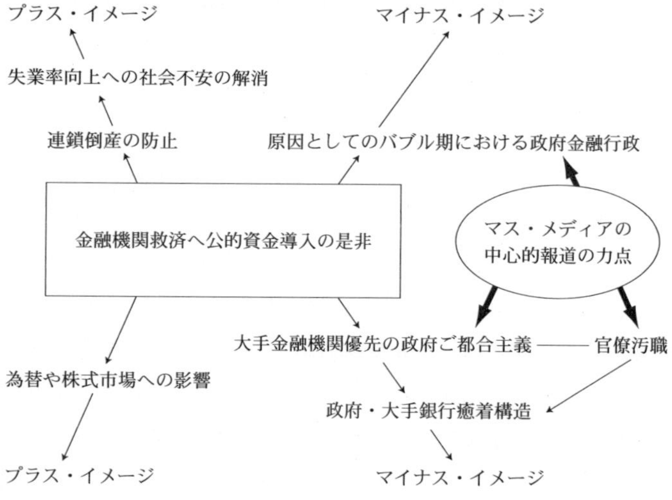

図2–6　報道の力点とスキーマの活性化

キーマ（受け手が持っている特定の物質的・観念的対象に対する構造化された認知の束）です。自分のスキーマで判断しているという積極的な「情報処理者」としての側面が、メディアを通して意図的に利用されている現象を測定しようとするのがこの効果モデルの特徴です。

これと同類のメカニズムを、ペティら（Petty, R. E. & Priester, J. R. 1994：pp. 91–122）が「精緻化見込み（可能性）モデル」（The elaboration likelihood model）の周辺ルートとして説明しています。選挙ＣＭの効果モデルとして捉えてみましょう（図2–7参照）。メッセージ内容をライバル政党の候補者と比較し、多くの面でその優位性を詳細に説得することでは勝算が見込めない場合、争点の本質的価値から目をそらさせ、まったく関係ない受け手の欲求を刺激するようなシンボル提示で関心を引き対象を受容させる手法（周辺ルート：Peripheral-root）が有効であると言います。政党や候補者の業績や能力を他者と比較させ優秀さをアピールする方法ではなく、人気のある人物を登場させ人気音楽を多用することで注目度を高め、それら周辺的要素を受容させることで、結果として政党・候補者へのイメージも高めるという方法です。つまり「使用されている音楽や人物と雰囲気が好きだ。その商品は好きな音楽と俳優と雰囲気に包まれている。だから政党・候補者のイメージもいい」という本来は別々のスキーマを連結させて誘導を行っていきます。心理学ではこのメカニズムを「連合の法則（the law of affiliation）」と呼んでいます。商業広告の場合、商品パッケージの表面に印刷された強そうな俳優の写真は、内包された健康食品のイメージにも一定の方向性を与えます。この場合、製品の本質的価値そのものに納得しているわけではなく、あこがれのスターと同じでありたいといった願望（同一視）にメッセージは点火しています。本質的価値を判断していないために、商

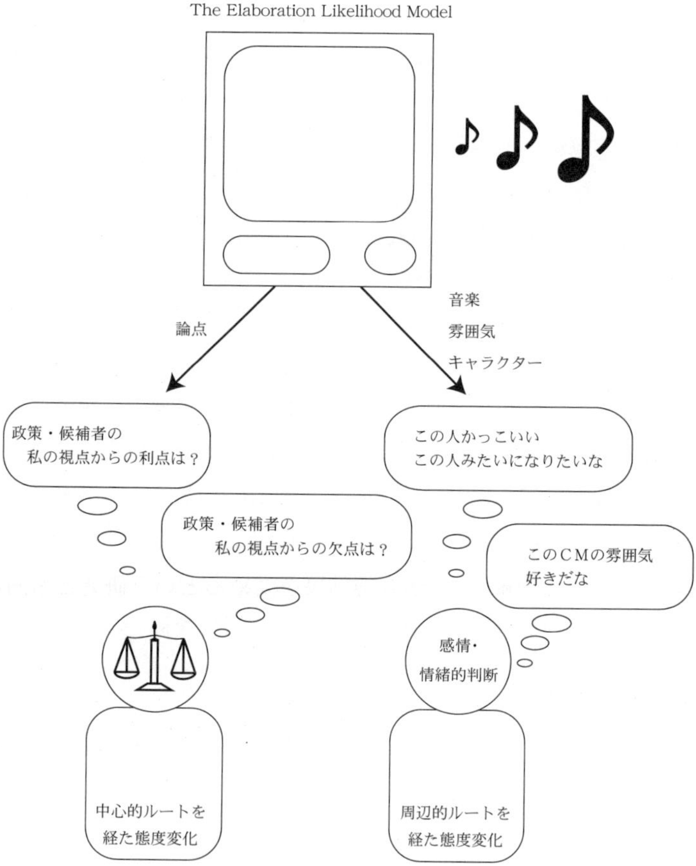

図2-7　精緻化見込みモデル

品を手にした後に不満が生じることもあり、短期的な評価変化が起こりやすいことも指摘されていますが、メディアが、視聴者・読者が好きな音楽・雰囲気・キャラクターといった点だけにメッセージを枠組み設定することで、錯覚的に評価を誘導する点は、「枠組み設定と点火効果モデル」と共通点があります。また、このような周辺的ルートを用いてのメッセージ伝達は、視聴者・読者がメッセージそのものに対して持っている否定的態度や評価をそれ以上深化させない、つまり、反論させない効果があることも指摘されています(Osterhouse, R. A. & Brock, T. C. 1970：pp. 344–358；Petty, R. E. & Wells, G. L. 1976：pp. 874–884)。つまり「賛成しなくともいいから黙っていてください」というレベルでの説得効果です。いずれの場合にせよ、ここでの手法も、どれだけ受け手の熟慮を誘発したかではなく、既存スキーマ（潜在意識）の活性化を通じてどれだけ評価を誘導あるいは抑制したかという点が測定対象になっています。

知識・イメージ連鎖（スキーマ）という連想力活性化の視座は、ホブランド, C. I. ら（1953/1960）が行った情報発信者の信憑性（Credibility)、権威性（Authority）が説得効果を高めるという研究とも関連性を持つことができます。受け手がすでに持っている「権威者・専門家・権威ある専門誌→信頼できる」というスキーマ（知識連鎖）への点火を意図的に狙った効果として捉えることができるからです。つまり、送り手を信じることで、メッセージの内容自体を逐次吟味することなく、自動的に信じ込むという後光効果（Hallow effect）は、送り手側から見れば受け手の反応が事前に予測しやすいものです。受け手に既に受け入れられているメディア評価を意図的に利用することで、説得効果を高めていると見ることができます。これと関連して「社会的不全感や抑鬱感・攻撃抑止傾向・他者志向性・権威主義的な人は、周囲からの非暗示性が高くなる傾向性を持つ」という研究成果（アドルノ, T. W. 1950/1980：pp. 434–492）も受け手への情報操作を容易にします。大災害や飢饉、戦争などの社会状況時には、多くの人々は社会的不全感や抑鬱感・攻撃抑止傾向、他者志向性を持ちやすくなります。このようなときは、権威的メディアを使った説得がしやすくなりますし、「○○な性格の人への説得には権威のある情報源を利用しよう」という戦略もそこでは可能になるからです。

6．評価面への効果測定④——基本的な価値観を形成する

さらに、対象への認知・反応を敏感にさせるスキーマそのものの形成過程にメディアが関与できるならば、長期的にメディアが受け手説得に関与していると考えることができます。このスキーマ培養力をメディアがどの程度持っているかを測定しようとする効果研究も現れました。メディアが、長期的にどのような基本的価値観としてのスキーマを形成してきたかがテーマになります。図 2–8 はマス・メディアが長期的に受け手の価値観としての先有傾向を形成す

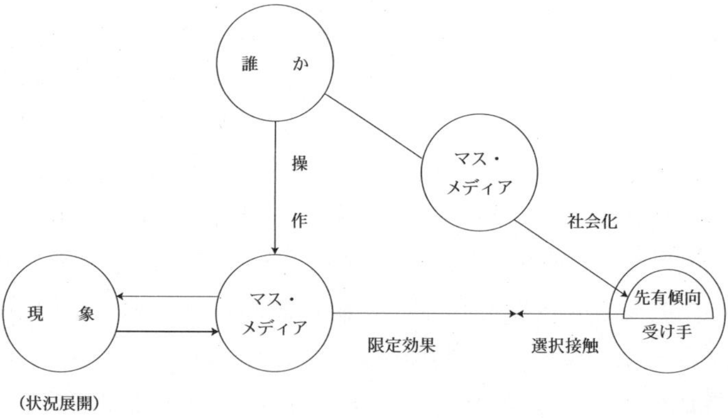

図2–8　限定効果を通しての受け手支配の構図

ることで、その主体的判断に影響を与えるメカニズムを大まかに示したものです。受け手は自己の持つ先有傾向によって、マス・メディアからの情報を選択的に摂取できるメカニズムを備えていたとしても、社会化の過程でその先有傾向自体をメディア情報によって長期的に形成されるのであれば、結局、受け手はマス・メディアの背後にある「誰か」に操作されうるのではないかという視点がそこにはあります。

このような視点からガーブナーとグロス（Garbner, G. & Gross, L. 1976：pp. 173–199）は、特別な高度の読み書き能力を必要とせず、意識の自覚的集中をあまり必要としないテレビメディアの長期的効果に注目します。娯楽的要素の高いこのメディアには、長時間視聴する受け手に対し、階層を超えて広く共通の事実認識と価値評価の束（スキーマ）を形成させていく力があることを、「培養仮説」（Cultivation hypothesis）と呼ぶ手法から明らかにしようとしました。彼らは、テレビを長時間視聴する人は、短時間の人に比べて、テレビ寄りの現実認識が高くなることを一連の調査結果から明らかにしています（Garbner et al. 1980：pp. 10–29）。ここでは、培養効果の実際を比較的短期に起こりうる例に当てはめて考えてみましょう。まず、第１次培養効果が起こります。たとえば「最近、青少年凶悪犯罪の発生数が高くなっている」ことをメディア情報から認知する過程です。すなわち、数値などで示される社会的事実をメディアから学習する過程です。この段階では、特定の青少年や特定地域を危険視するという受け手の評価はすぐには形成されません。メディアによって１次培養された学習内容が、実際の生活体験から追認される過程で評価が定着します。このテレビから培養された事実認識を生活体験から再認識するという過程（共鳴：resonance）が第２次培養過程

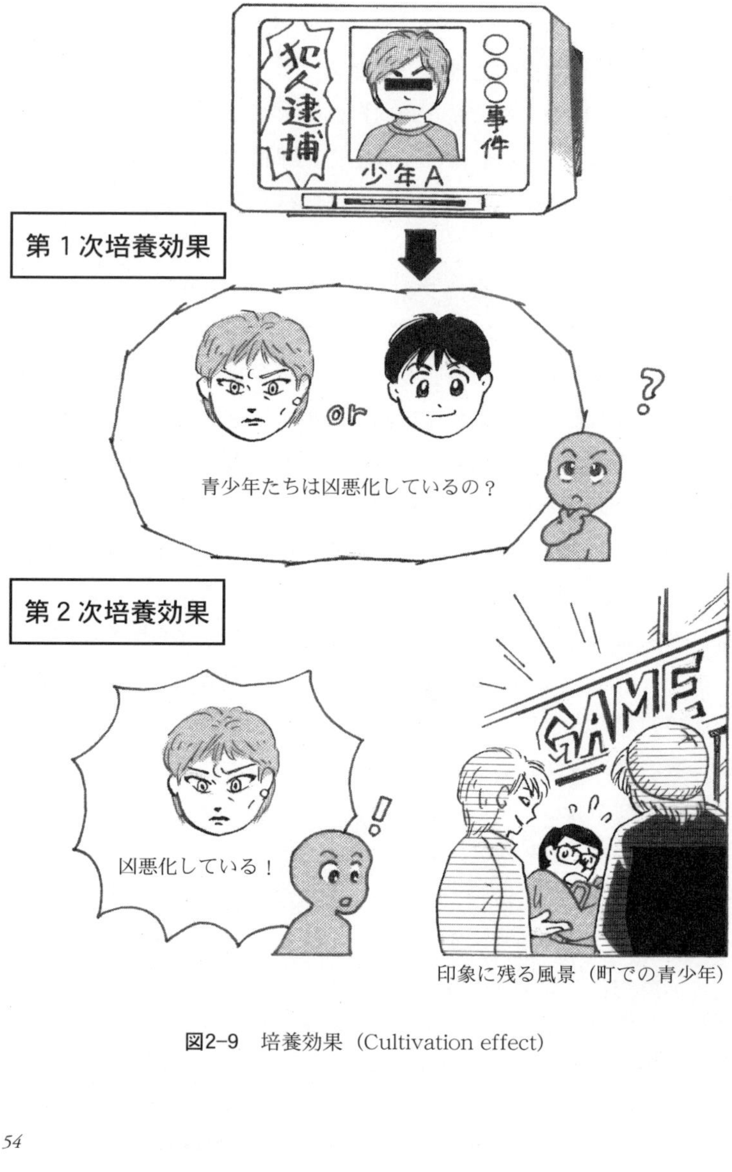

図2–9　培養効果（Cultivation effect）

です。

つまり、テレビで青少年の凶悪犯罪を連続で視聴したとしてもこの時点では、事実認知の第１次培養レベルです。しかし、この「アレ？」という認識を引きずったまま町中に出ると、フト見る光景の中で青少年の逸脱行動だけがよく目に入ったりします。特に、都市部に住む人や犯罪弱者になりやすい老人・女性たちにとっては、先の事実認知は共感を引き起こしやすいものです。第１次培養を受けている視聴者は、この時点で、「最近の青少年は確かに、犯罪化の傾向を示している」という印象を生活体験から強化することになります。図2–9はそのプロセスを描いたものです。つまり、複雑化し流動化する現代社会では、受け手のある側面に対する事実認識や価値評価は、時として白紙状態に置かれています。いつも自分自身の安定した価値観で評価できるとは限りません。その隙間を、テレビは受動的学習によって埋めてしまう、と指摘したのです。ただし、彼らの最終的な関心は、具体的ジャンルのテレビ番組を長期視聴することの効果ではなく、米国のテレビ番組すべての根底に流れる「隠れたメッセージ」を測定し、それが与える影響を考察することでした。テレビの長期的視聴（数年から十数年）によってさまざまな判断の基礎になる特定の態度が、階層や文化を超えて広く培養「主流形成（Main–streaming）」されるならば、それはメディアの長期的な説得効果と見ることもできるでしょう。

しかし、ここでの測定対象も、物事評価の基になる比較的長期的に形成される受け手の価値観であって、個別的争点への熟慮動機の形成やその強さではありません。

7．評価面への効果測定⑤——多数意見からの孤立恐怖効果

また、議題設定後、点火活性化されるスキーマ（争点に対する既存の知識や固定観念）が不十分な場合のメディア効果を説明するモデルも現れました。活性化が不十分で判断が難しいという一種不安な状態に置かれたときの情報行動に着眼する研究枠組みです。この点について、ノエレ-ノイマン, E.（1980/1997）は「沈黙の螺旋」（The spiral of silence）と呼ばれるメカニズムから、デイビソン, W. P.（Davison, W. P. 1983：pp. 1-15）は、「第三者効果」（The third person effect）と呼ばれる心理過程から、主要メディア論調の類似性が強力な世論誘導装置になりうる可能性を再提起しています。「沈黙の螺旋」モデルは、メディアの効果は「受け手の意見を変更させないまでも沈黙を守らせることができる」という点に、「第三者効果」モデルは、メディアの影響は「当事者としての自分ではなく、自分の知らない第三者には多く起っていると思わせることができる」という点に注目します。

この２つのモデルを組み合わせると、次のように言うことができます。

①まず、多くの受け手は、「第三者効果」によって実際の意見の分布状態とは別に、特定争点に対しメディアが強調する意見を多数意見と見誤りやすい状態に置かれる。この状態を社会心理学では「多元的無知」が作動している状態といいます。

②次に、多数派からの孤立を恐れるという心理傾向から、自分を少数意見と思う人は沈黙を守ったり自分の言動を抑制したりす

る（沈黙化効果）。

③一方、メディアと同じ意見の人は、自分の意見が広く認められているという感覚から、多くの場面で自分の意見を表明・発話しやすくなり行動も積極的になりやすい（有声化効果）。

この結果、社会には一方の意見だけが多く流布しやすくなり、自分の意見を決めかねている人は、孤立を恐れる心理傾向から最終的に多数派意見と思われる方向に同調してしまう。この過程が「沈黙の螺旋」と呼ばれる現象です。具体的に考えてみましょう。

「ある地域の青物野菜はダイオキシンに汚染されている」という主要メディアの中心的論調が存在するとすると、当初その報道の受け手は「自分の意見がメディアと同じであると思う人」「自分の意見

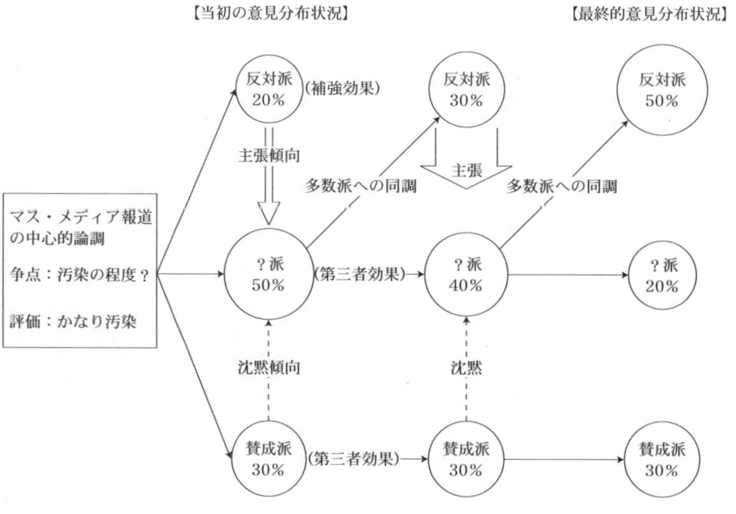

図2-10　「第三者効果」と「沈黙の螺旋過程」の流れ

が異なると認識した人」「自分の意見を決めかねている人」の３タイプに分類できることになります。この際、どのタイプの受け手にも、報道は自分や周囲の人にはそんなに影響を与えてはいないが、多くの他者には影響を与えていると想定する第三者効果が生じることになります。図2-10はその過程を図式化したものです。

①「自分の意見が同じである人：以前からこの地域の農産物に懸念を持っていた人」は、その意見が活性化補強され周囲の人にも意見を主張し始める（補強効果・有声化効果）。

②「自分の意見が異なると認識した人：この地区で八百屋を長年営んでいて農家にも多数知り合いがいる主人」は、多数派からの孤立を恐れるという心理過程から、この報道にすぐに説得されないまでも沈黙しがちとなる（沈黙化効果）。理由は、報道は周辺地区の多くの消費者たちに強い影響を与えていると想定し（第三者効果）、結局は、自分の店先に周辺地域からの野菜を置けない、と判断するからです。もちろん、実際に野菜を作っている農家には、猛烈に抗議の声を上げる人（ハードコアと呼ばれる人）も存在しますが、この人たちの中にも、自分たちからこの話題を持ち出すことにかなりの精神的負担を感じる人が出てくることになります。この理由も、報道は周辺地区の多くの消費者たちに強い影響を与えていると想定するからでしょう（第三者効果）。

③「自分の意見を決めかねている人：ほとんどの一般消費者」は、①②の結果、マスコミュニケーションとパーソナルコミュニケーション双方から反対意見をよく聞くことになります。その結果、多数意見と思われる反対意見に依存することがとりあえ

ず、自分の安全確保に繋がると考え行動を適合させていきます（他者・多数派依存効果が生じる）。

このメカニズムにより、最終的には「ある地域の青物野菜はダイオキシンに汚染されている」というメディア報道寄りに行動する人が多くなっていきます。日本人の志向する行動パターンは、欧米のそれに比べ集団志向的な要素が強いと言われます。このような文化状況下では、人はより他人の動向に気を使うことになります。したがって、前述の沈黙の螺旋効果や第三者効果による強制なき同調力も、個人主義文化圏でのそれよりも強いものになる可能性があります。

また、このような「強制なき同調圧力」を引き起こす「沈黙の螺旋効果」「第三者効果」は「例示効果」(The exemplar effect) によって加速されることもあります。「例示効果」は厳密な定義では使用されていないとされますが（斉藤慎一. 2001：p. 186）、一般的には以下のように捉えられています。日常生活の実感や体験からは簡単に判断がしにくい争点に対して、主要メディアが独自のアンケート調査結果を定期的に発表するとします。たとえば、一昨年は「国民の 50 ％が賛成」、昨年は「58 ％賛成」、今年は「賛成 65 ％」と統計的な多数派意見の傾向性を主要メディアが例示することで、受け手の意見風土の認知に影響を与え、結局は、第三者効果や沈黙の螺旋過程を引き起こしやすくする、という点に注目するものです。

「脳死」の問題で具体的に考えてみます。「脳死」を人の死と認めるならば、わが国でも国民的争点となっています。死亡時に短時間で自己の臓器移植を認めることを公的に宣言するドナーカード制は実質的にこの点に起因します。脳死を人の死と認めるならば、細胞的には新鮮な臓器組織を他の患者に提供できることになるからです。ある主要メディアが「脳死」への国民の賛成傾向性をアンケート調査によって、毎年、60％・65％・70％と増加していると報道したとしましょう。もちろん、その調査結果自体は、統計的手続きを経て行われたものである以上問題はありません。「例示効果」モデルが問題にするのは、脳死が引き起こす問題を生活実感として受け止めたことのない多くの人に、主要メディアが多数派意見を統計的数字として示すことで「沈黙の螺旋過程」を起こしやすくさせている点です。その結果、あまり考えることなくアンケート調査の「賛成」項目に○を付けやすい心理状態に置かれることなります。しかし、自分の未成年の娘にドナーカード所持の許可を与えていた母親が、娘がある日突然事故で脳死状態になったことを知った瞬間から「いかなる理由があっても彼女の脳死は認められない」と自己の意見を翻すことがあります。これは母親として自然の感情でしょう。ではなぜ当初、母親は「脳死を人の死と認めてよい」という方向に自分の意見スタンスを置いたのでしょうか。この点を、統計数値の力に注目しながら説明するのが例示効果です。

沈黙の螺旋効果・第三者効果・例示効果いずれのモデルも、人間は体験で物理的真実が把握できないとき、たとえば、争点が疎遠なとき、メディアに映された世評という社会的事実を真実と見定めやすい側面を持っていることに注目します。いずれの効果モデルも、集団同調圧力によって個人の意見が圧迫されるメカニズムから、報道の評価・行動面への効果を測定していることになります。

8. メディアからの効果を受けやすい社会状況の出現

以上のような「第三者効果」「例示効果」「沈黙の螺旋過程」が生じやすくなっている現状を社会構造の側面から説明したのが、デフリュとボールロキーチ（Defleur, M. L. & Ball-Rokeach, S. 1976：pp. 3-21）の「社会依存モデル（Dependency model）」です（図2-11）。このモデルは、①社会の構造的要因、②受け手の情報入手要因、③メディアの伝達機能要因、の3点から強力効果が発生しやすくなっ

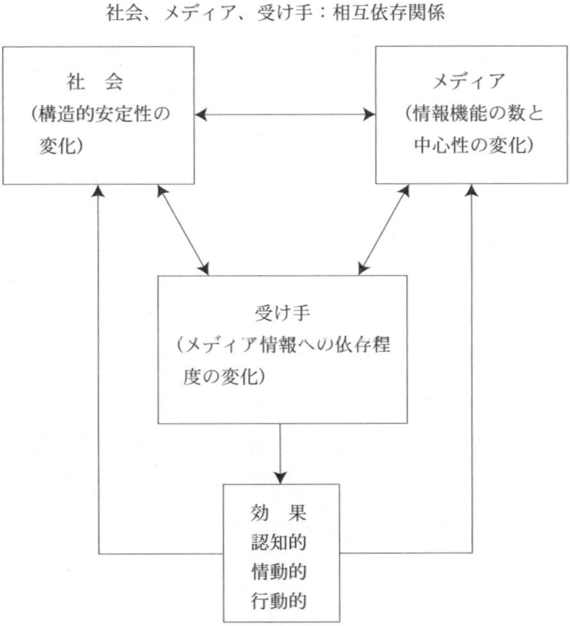

図2-11　社会依存モデルの構造

ているメカニズムを説明します。その各要因を見てみましょう。

①社会の基本的価値観の揺らぎや変動が起こり、社会の側が人々に規範としての情報を強制できなくなると、当然人々の価値観が多様化する。この場合、人々は問題があるごとに逐次自分自身の意見を作り出していかなければならない（社会の価値強制力の衰退）。
②社会が地縁・血縁のヒューマンネットワーク情報に多く依存している状態から都市型工業社会に移行し社会生活圏が拡大すると、人々は原子化され、メディアを通じての情報に依存する機会が多くなる（受け手の情報入手ルートの偏向）。
③テレビ・ラジオ・新聞・雑誌といった各種メディアが工夫を凝らし、受け手のニーズにあった同様の争点に対し関心を引くような報道を行うと、人々が無意識的にも多量のメディア報道に接する機会が増加する（メディアの伝達機能と中心性の増大）。

近年の社会現象の複雑化、テレビとインターネットの急速な普及、報道に娯楽性を取り込もうとする制作者側の熱意は、人々のメディアへの接触頻度を高め、受け手を「第三者効果」「例示効果」「沈黙の螺旋過程」に巻き込んでいく機会を多くしているのかもしれません。同時に、この社会モデルは、受け手を自分の意志で争点選択・評価できる立場に置きながら、必要な知識は、大部分がマス・メディアから入手させるという一種矛盾した状況を示しています。１章で示したフロムの『自由からの逃走』では、皆は自由に判断ができる立場に置かれますが、熟慮して判断を行うには大変な努力が必要で、自己責任の重みに耐えきれず、次第に自分を拘束してくれる強いものに身を委ねるようになる、と説明されています。デフリュとボールロキーチのモデルでは、その拘束先は、現代社会においてマス・メディアになりやすいことを示しています。問題は、そのときマス・メディアから提供される情報が、人々を単に誘導するものか、熟慮誘発させるものかという点にあります。

9．従来のメディア効果研究と熟慮誘発型効果研究の関係

以上のような認知面・評価面への影響モデルを見てくると、メディア研究の創設期にリップマン, W.（1922/1987）が提起した「メディア側と受け手側双方に浄化作用が常に行われていなければ、いずれデモクラシーの危機が訪れる」という危惧は今日的課題でもあることがわかります。この問題意識を前提に、これまで示してきた効果モデルを筆者なりの情報処理過程モデルとの関連からまとめて、本書の熟慮誘発型効果研究の位置付けを示しておきたいと思います。

図2–12は、本章で示したメディア効果モデルを参考にして、受け手がメディア情報を利用する過程を情報処理過程モデルとして想定したものです。メディアからの情報が争点認知される過程は『議題設定モデル（The agenda–setting)』が問題にしています。この過程にはさまざまな随伴条件があり、個々人のスキーマを通じて議題が設定されることは前述した通りです。随伴条件がまったく具備されないと、情報の短期的認知さえ起こらないことになります。随伴条件を満たして情報が争点として個人に設定されると、次に感情・評価形成過程に入ります。感情・評価過程へのメディアの影響を本書では以下のように考えてみます。

メディア情報が感情・評価過程に入ると、短時間で感情・評価に

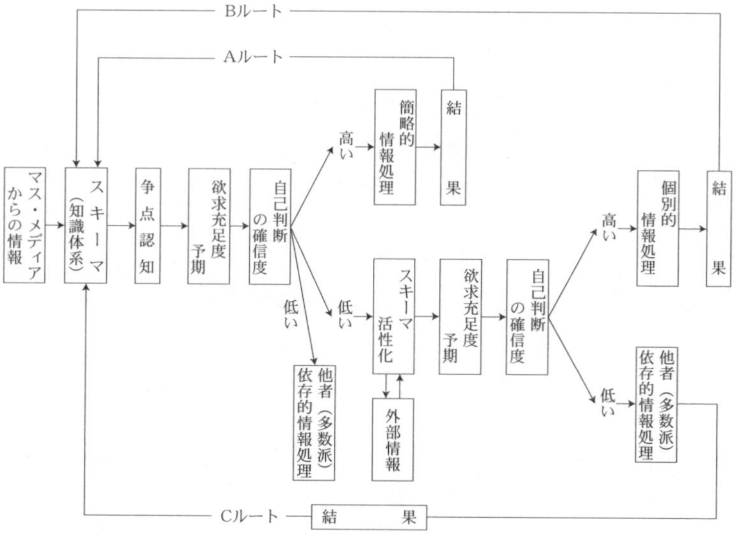

図2–12　情報処理過程モデルとメディア効果

「確信が持てる」場合と「複雑な気持ち」「わからない」といった「確信が持てない」場合が生じることになります。メディア情報からの影響を受けて短時間に感情・評価が固定化する「確信が持てる」場合をAルートとします。Aルートは、争点に対し、受け手がすでに持っている知識・価値体系（スキーマ）だけが反応して、自動的に感情・評価が決められる「簡略的情報処理過程」です。状況ごとに新しい外部情報を受け手が摂取して、最善と思われる評価の方向性が模索されることはありません。既存スキーマ体系のどこかが刺激されある感情（イメージ）・評価が機械的に表出されるパターンです。つまり、Aルートは「受け手がすでに持っている潜在意識が活性化される（Activation-effect）」ことで生じるメディアの感情・

評価面での効果と言えます。

この過程には、ラザーズフェルドの「補強効果（The reinforcement-effect）」、アイエンガーの「枠組み設定点火効果（The framing and priming-effect）」、ペティらの「精緻化見込みモデル（The elaboration likelihood model）周辺的ルート」などが入るでしょう。一方、メディアからの情報にまったく影響を受けないで、正反対の意見が強化されて表出される場合も、結局は既存意識の活性化にすぎません。そこでは当初からの確信度は保たれています。いわゆる「やぶ蛇効果（boomerang-effect）」も広い意味でＡルートに入ると思います。

次に、自分の感情・評価過程に「確信が持てない」ことで生じるメディア効果過程です。メディアの中心的論調と自分の意見が異なるとき、当初の確信が揺らぐ場合もあります。この段階で多数派と思われる主要論調に同調してしまうこともあるでしょう。また、マスコミュニケーションとパーソナルコミュニケーションを通して再度「外部情報」を摂取しようとすることもあるでしょう。それでもなお情報が有効に摂取されず、確信が持てないという場合、人はどのような行動を選択するのでしょうか。

１つの対応策として、確信が持てない不安を、周囲の雰囲気や多数派と思われる意見に同調することで覆い隠す、という心理現象があります。この点に注目したのが、「他者（多数派）依存的情報処理過程」です。つまり、Ｃルートは「確信が持てないまま孤立を恐れるという交差圧力にさらされる（Cross pressure-effect）」ことが原因で生じるメディア効果です。この効果のメカニズムは、ノエレ-ノイマンの「沈黙の螺旋過程モデル」が説明しています。確信を持てないまま次第に多数派と思われる意見に依存していく人々が世論の動向を左右します。デイビソンの「第三者効果（The third-person effect)」や「例示効果（The exemplar effect)」は、その際に人々が、メディアの中心的論調を多数派と認知してしまうメカニズムを説明するものです。本心を変えないまでも、孤立を恐れて言動を抑制してしまう『沈黙化効果』を受けた人たちも、Cルートに属します。多数派と思われる他者に依存して表面的同調を行っている点で同じ構造に含まれるからです。一方、メディアからの同調圧力にさらされても、当初からの確信が変化することなく行動と意見間に齟齬が生じない人たちは、Aルートに属する人々です。ノイマンはこの人たちのことをハードコアと呼んでいます。

実際には、A・Cルートの混合型も多く起こっていると考えられます。ノイマンの「沈黙の螺旋」モデル自体が混合型性格を持っています。メディアからの「強制なき同調圧力」が発生していく状況を、先に示した「沈黙の螺旋モデル」の例でもう一度考えてみましょう。

視聴率が高い報道番組で示されたメッセージ内容は「調査の結果、ある地域はダイオキシンに汚染されている可能性が高く、野菜類での含有度は危険値を上回っている」でした。しかし、実際は「ダイオキシンに汚染されているのは、直接消費者の口に入ることがないお茶の葉の含有率」であることが最終的に判明しました。しかし、他の有力メディアがこの案件に対し何も報道しないということは、結果として、評価は一元化されていたことになります。産廃施設が多い周辺地域では、以前から「排出される煙に有害物質が含まれている」という不安感があったのですから、報道は既存意識を刺激し点火したと見ることができます（Aルート）。あるいは反対に、実際に農作物を作っている経験から「この報道はおかしい」と思う周辺農業関係者もいることでしょう。この人たちも、自己の信念を変えずに行動するのですから、報道によって「農作物は汚染されていない」という既存意識が逆に活性化された人たちです（Aルート）。一方、特段の不安感を持っていなかった消費者にとって、報道された内容の信憑性は、自己の生活体験や既存知識からは判断できないレベルの事象です。したがって、周囲に信頼性の高い情報提供者が見つからないときは、とりあえず、主要メディアの論調に依存することが自己防衛となりえます（Cルート）。仮に、この報道に疑問を持った野菜の小売業者であっても「この報道は、多くの消費者に真実と思われているであろう」ことを前提にして（第三者効果）、次の日の行動を選択しなければならない圧力にさらされます（Cルート）。農家側の立場に立って弁明するよりも販売品目を変更する一種の沈黙化傾向です。でなければ、店の信頼を失墜してすべてのものが売れなくなるからです。

各効果モデルは検証途中であり、今後も、検証の充実を図っていくことが求められるのは言うまでもありません。しかし本書では、メディア報道へ視聴者・読者が「強制なき同調」を起こしてしまうAルート・Cルートを、１章で見た情緒や感情が中心の「世論：せろん」が形成されるルートに近いものと考えます。もしメディア側やその背後に悪意があった場合、視聴者・読者に不利益が生じやすい世論形成メカニズムです。この過程では視聴者・読者は、自己の選択に対して理性よりも、感情・情緒的に反応している部分が多くなります。この点が操作側から見ると狙い目になります。

A・Cルートに分類される効果研究をマーケット的考え方として批判的に捉える研究者もいます。そこでは、認知、説得、行動レベルであれ視聴者・読者はマス・メディアの影響やインパクトに「さらされるもの」として概念化され、自ら意志を持たないターゲット、メディアからの刺激に対し受動的な者として認識されていると言えます。「マーケット（市場）的考え方においては、効果的なコミュニケーションの促進や受け手体験の質的向上という点は、２次的な意義しかもたない。そこでは、公共圏における受け手体験の重要性は強調されもしない。マーケット概念では、規範的な社会関係より計算的な見方、コミュニケーションの相手というより生産者と消費者間の取引として、送り手と受け手の関係をみている。この概念では、サービス提供者にとってほとんど利益がないこと、つまり、消費者内部の関係は無視され、社会経済的な評価基準が優先され、メディアの受容よりもメディアの消費というものに注目する」というものです（McQuail, D. 2000：p. 363)。このような概念で捉えられる視聴者・読者は、通常自分たちがマーケットに属していることなどを意識せず、マーケットから暗示的で操作的な働きかけを受ける存在として考えられます。現代日本社会での政治的マスコミュニケーションもそのような性格を持っていることは否定できないでしょう。しかし、このような操作的で暗示的な効果メカニズムをモデル化し検証を試みることは、メディアを通じて国民を誘導し、利益を上げようとする者を特定し、世論誘導を予防・阻止するという点でも有益であると考えられます。誘導を予防・阻止するには、暗示的で操作的な情報操作のメカニズムを読み解く必要があるからです。

従来の効果研究を、マーケット的な視聴者・読者（受け手）像を前提とした体制維持的なものとして批判的に見る研究者は、本書で見てきたような効果モデルから距離を置きます。その代わりに、視聴者・読者がメディアに対して発揮できる主体的選択・注目・反応、動機、関与、批判性、創造性、など能動的な側面を強調します。

受動的な犠牲者と言うよりも、メディア体験を担う主体的受け手像です。そこでの視点は、メディア側でなく視聴者・読者側に移行し、多くの意図的な情報操作に直面しながら生きる主体的で節度ある受け手概念を構築しようとします。しかし、本書で問題にしたい視聴者・読者の能動性・主体性は、メディア情報へ反発したり、信念を変えないという受け手の側面ではありません。そのような能動性ならば、従来の効果モデルの中にも想定されています。たとえば、選択的認知を行う視聴者・読者や、争点への関与度や投票意図が高いことでオリエンテーション欲求が低くなり議題設定を受けない有権者、沈黙の螺旋モデル内の集団的圧力にも屈しないハードコアと呼ばれる人々がそうです。本書での関心はあくまでも、メディア効果論内にあります。具体的には、メディアから当初、一方的に情報を受けることで熟慮誘発され、次第に、選択・評価に対して熟慮を試みようとする視聴者・読者の存在であり、そのようなメディア情報の内容です。政治争点を熟慮しなければならないという危機感を持つ視聴者・読者は、上記マーケット概念で捉えられる受け手像と相容れないものです。

A・Cルートに対し図2–12のBルートだけが、自分なりの予測を試み判断根拠を見出そうとしています。争点判断をめぐる熟慮度は他の処理ルートより高いものです。Bルートを起動させるメディア効果は、説得効果でも単なる認知効果でもありません。受け手の熟慮を誘発する効果です。受け手側から見れば、1章で見た理性的な討論を経た「輿論：よろん」形成過程に伴いやすい情報処理過程です。もちろん、本章の冒頭で述べたように視聴者・読者が熟慮を試みても、よくわからない・結論が出ないという場合も多くあることでしょう。結局、それによって他者に判断を依存するCルートに収斂することも想定されます。熟慮動機が高まっても、実際に熟考が十分に行われ完遂するか否かは、周囲の情報環境や情報の質が関係してくるからです。

しかし、本書が提唱するメディアの「熟慮誘発機能」は、メディアが「輿論：よろん」形成に貢献する口火となる効果です。少なくとも１章で見たような争点をめぐる熟慮そのものが存在しにくくなっている現状では、この機能の向上が望まれるのではないでしょうか。この機能が強化されて初めて、争点に関する詳細な情報の提供が意義を持つことになるのかもしれません。

10. メディア・リテラシーと熟慮誘発効果の関係

世論誘導の危険性を回避し、有権者が争点を熟慮できるためには、メディアからの情報を適切に判断できる知識・知恵を持たなければならない、ということは言うまでもありません。Ｂルートの作動には、この要因が不可欠です。研究者によっては、メディア・リテラシーの問題として提起されています。そこでは「一方的なメディア情報だけを鵜呑みにしないで、裏に隠れている事実にも注意を払う姿勢と能力が必要である」とよく指摘されます。確かに、メディア・リテラシーが十分でなければ、メディアに現れるイメージやムード(気分)、ファッション（流行）によって世論がＡ・Ｃルートに流されやすくなるのは各効果モデルの指摘するところです。個人的努力や学校教育の問題としても扱われるメディア・リテラシーの育成は、重要なＢルート作動要因です。しかし、この要因には以下のような課題も含まれています。今日の変化の早い社会状況下で、有権者が政治判断に必要な適正な知識を充足しようとするならば、それにはマス・メディアからの情報によらければならないということです。つまりメディア・リテラシーが確保されても、最終的に判断の基礎になるのは現代社会ではマス・メディアからの情報ということです。この現実は、Ｂルートの作動をメディア・リテラシー教育や個人の学習努力だけに依存させることはできないことを示しています。「常に報道を批判的に捉えて情報を鵜呑みにしないこと、複数のメディアルート情報を比較して考えること、判断する前に周囲の人との対話も大切です」といった視聴者・読者の主体性を喚起するだけで、メディアからの情報内容が問題にされないのでは、Ｂルートの作動には限界が出てしまいます。報道側にも、一般的な視聴者・読者を想定してＢルートの作動が可能になるような工夫が必要です。つまり、メディアと視聴者・読者側双方の努力が不可欠です。

政治メディア効果研究も、この点で１つの課題を突きつけられていると言ってよいでしょう。メディア・リテラシーが常に十分ではない有権者に対し、果たして「強制なき同調」に繋がらない情報提供はいかにすれば可能か。Ｂルートの作動に貢献できる情報提供とは何か、という問いです。もしそれが可能であるならば、その提供が視聴者・読者にどの程度有効であったかを測定する方法も示される必要があります。

Ａ・Ｃルート上の各効果モデルは、メディアはいかなるメカニズムで視聴者・読者の評価を誘導するかを説明しています。一方、本書効果論の視点は、メディアはいかなるメカニズムで視聴者・読者の「もっと考えてみたい・知りたい」という熟慮動機を誘発させうるかを説明することです。ここでは、認知形成後の評価という「説得結果」ではなく、評価に至るまでの熟慮という「過程」が問題になります。このような視点は、これまでの効果測定軸には見られない性格のものです。確かに、先に見た「精緻化見込み（可能性）モデル」の中心的ルートは視聴者・読者の熟慮過程（deliberation）を扱っていますが、その最終目標は説得です。視聴者・読者に、争点に対する高い動機（motivation）、つまり、高い自己関与度（high involvement）を持たせ、メッセージを熟慮させることが、態度変化を含め説得効果を持続させるポイントであることを、モデル化していきます。「持続的態度変化を目標にする説得戦略の重要なゴールは、認知上の個人的関連性を向上させることで、メッセージを熟慮するための動機を向上させることである」と記されています（Petty, R. E. & Priester, J. R. 1994：p. 116）。しかし、受け手が熟慮することによって、送り手側からの説得が失敗に終わることもあるでしょう。それは視聴者・読者側から見れば望ましい状態です。送り手側の意図を自分の価値観で評価しえたのであり、情報操作に誘導される可能性は低くなったと考えることができるからです。本書での関心もここにあります。結果としての説得ではなく、過程としての熟慮です。

熟慮動機は、その争点に対してさらに学習してみたいという欲求

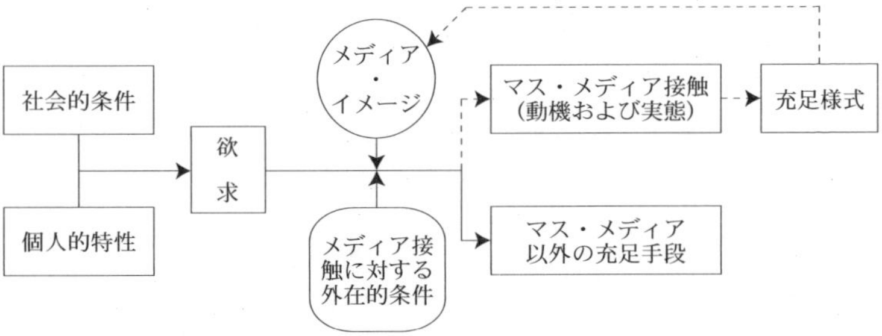

図2–13　「利用と満足研究」の基本フレーム

の解発でもあります。このような欲求への注目は、受け手の能動性を前提とする「利用と満足研究」(the uses and gratifications study)にも見られます。図2–13は、その研究フレームをまとめたものです。点線で示された部分が、マス・メディアに依存して視聴者・読者が自己の欲求を充足させようとする過程です。この研究では、視聴者・読者がメディア情報からどのような欲求を充足(満足)しているかについてのタイポロジー(類型表)が作成されています。視聴者・読者はいつも何らかの「期待する効用」(gratifications sought)を抱いて能動的にメディアに接触しているとは限らないので、今日の「利用と満足」研究の視点は、視聴者・読者が「期待する効用」と、「実際に充足された効用」(gratifications obtained)を測定していくことが課題となっています。表2–1は、マクウェール, D. らが作った「充足のタイポロジー」をまとめたものです(1972/1979：p. 44)。その後も多くの調査が行われていますが、基本的にはこの類型が前提とされています。ある争点を熟慮してみたいという「欲求」は、広い意味では、表2–1の3. b)の「現実に対する対処の仕方の

表2–1 充足のタイポロジー(マクウェール編. 1972/1979による)

1．気晴らし(Diversion)
a）日常生活のさまざまな制約からの逃避
b）解決しなければならない諸問題の重荷からの逃避
c）情緒的な解放
2．人間関係(Personal Relationships)
a）登場人物への親近感
b）社会関係にとっての効用
3．自己確認(Personal Identity)
a）自分を位置付ける座標軸の獲得
b）現実に対する対処の仕方の学習
c）価値の強化
4．環境監視(Surveillance)

学習」欲求に分類されるのかもしれません。しかし、この欲求自体が解発されるメカニズムは「利用と満足研究」でも問われません。研究の出発点にあるのは、能動的探索あるいは受動的充足であれ、視聴者・読者は事前に充足したいBOX（欲求）を持っているという視点です。「利用と満足研究」は、厳密には受け手の行動側面を扱うものではなく、その主要な強調点は、メディアが充足する社会的基盤やメディアのよりマクロ的な社会的機能、たとえば、社会契約や相互作用の促進、社会的緊張や不安の緩和を捉えようとしています。したがって、なぜ特定個人がそのような関心BOXを持ちえたのか、本書のテーマから言うと、なぜ争点を「熟慮したい」というミクロ的欲求は発生したのか、という点は説明の対象外に置かれます。

次章では、争点に関するどのようなタイプの情報が熟慮誘発に繋がるのか、その情報の構成について考えてみることで、本書の視点をより明確にしてみたいと思います。

3章

マス・メディアの熟慮誘発機能をどう捉えるか

1. 情報のフレーミングと熟慮誘発

本章では、視聴者・読者の争点に対する熟慮（投票行動の結果を自分なりに予期しようとすること）誘発に繋がるような報道を、輿論（よろん）形成に貢献する報道、これに対し、熟慮過程が伴わず既存意識の活性化や感情誘発だけに繋がるような報道を世論（せろん）形成に貢献する報道として捉えることにします。そして、報道のどのような情報構成（フレーム）が視聴者・読者の熟慮誘発に結びつきやすいかをコミュニケーションの基礎理論から考えてみます。

米国の世論研究者コンヴァース, P. は、「米国国民の多くは、高度な国の重要問題について確かな意見を有していない」として世論というものに懐疑的でした。それを明確で安定的な評価体系が存在しないとして「非態度：ノン-アティチュード」と呼びます。コンヴァースは、「意見の変わりやすさを、世論が根拠薄弱なことの表れ」と考え、「人々はどのように解釈すべきなのか、自分が無知であると認めたくないためにその場で仮の意見をつくりあげる」とも言っています。民主的対話に関心を抱いた指導者と一般大衆が相互に理解できるように話し合えるかについても、コンヴァースは否定的でした（Converse, P. E. 1964：p. 245）。わが国においても同じような見解は生じえるでしょう。

このような意見に対して、メディアのフレーミング機能と世論形成を研究テーマとしてきたキンダー, D. は「もし人々が、確固たる意見を形成するもとになる、さまざまなことを考慮しているとするならば、意見を形成できるか否かは、各問題をどのように規定し、理解すべきかについて、他の人からどれだけ多く助けられるかにかかっている」と言い、争点がどのようにフレーム化されるかが、有権者が確固とした意見を形成できるか否かにおいて重要である、と主張します。キンダーは、これまでエリートだけの論争と思われてきた争点が、有用なフレームを提供されることで、人々に確固たる意見を形成・表明させやすくなる傾向があることを調べています。また彼は、報道フレームは、有権者にとって争点をどのように理解すべきか、意見を形成するにはどのような考慮をどの程度すべきかを示す「意見の調理法」であるとも言います（キンダー, D. R. 1998/2004：p. 64）。彼の根底にあるメディア・フレーミングの考え方は、同じ争点についても視聴者・読者に異なる意見を述べさせることを可能にするという考え方です。このような視点を彼は米国の「人種問題」、特に黒人への政府の対応策のあり方に関する回答者への異なった質問フレーム実験（Framed opinion：装飾された意見とStripped opinion：装飾されない意見）の結果から導いています（Kinder, D. R. & Sanders, L. M. 1996：pp. 163–195）。ただ彼のメディアフレームの考え方は、あくまでも争点報道フレームを変えることで、争点への意見（評価）が表出されやすくなる点を調査しています。つまり、情報フレームによって視聴者・読者がすでに持っている価値観や知識がうまく集約され「評価」として収斂する結果に注目しています。

しかし本章の注目点は、結果ではなく熟慮誘発という出発点です。同じ争点でもフレーミングによって、議題設定のレベルも、プライミング（点火）による既存知識の活性化レベルも異なってきます。つまり、フレーミングとは視聴者・読者の既存知識のある部分を活性化することで出来事への認識を体制化することです。であるならば、そのフレーミングによって「過程」としての熟慮誘発レベルも異なってくるのではないでしょうか。有権者の意見という結果ではなく「これはもっと考えなければならない問題だな」と思う動機形成とフレーミングとの関係、つまり、情報志向性との関連と言い換えてもよいかもしれません。

もちろん、熟慮さえすれば、唯一の正解となる政策がみつかるというわけではありません。すべての有権者にとってメリット100でデメリット０の解決策など現代社会では想定しにくいものです。また、有権者がすべての争点を熟慮できるとも思えませんし、すべてがわかるような社会状況でもないこともわかります。実際には、曖昧さは残るが、よりメリットがあると思われる政策側に目をつぶって賛成票を入れる、これが現実なのかもしれません。しかし、メディアが重要として掲げる争点に対して有権者の熟慮誘発に貢献できていれば、民主主義制度の健全さを高めることはできます。権力暴走を制御できる力にもなれると思います。メディアが掲げる争点が、誰かの意向に沿って操作的に設定された争点であったとしても、メディアが視聴者・読者を熟慮誘発できるだけの内容を持つことができるならば、有権者は批判的にその争点を見ることができます。もし、その機能をメディアが持てなければ、メディアは為政者の単なる広報機関と見られても仕方ないことになります。

以下では、マスコミュニケーションという一方通行の情報伝達を前提にしながら、どのような性質を持つ情報が、受け手の熟慮誘発に影響を与えやすいのかを考えてみます。

2．マスコミ論「知識ギャップ（Knowledge-gap）」モデルから見た学習効果

ティチナー（Tichenor, P. J. 1970：pp. 159-170）らは「知識ギャップ（Knowledge-gap）」仮説として、メディア効果論の立場から教育効果を測定しました。彼らは、長期的認知効果とも言える記憶機能に注目し、その効果が高まる随伴条件を探索しようとしました。彼らは、当初「高い社会経済的地位や教育水準が、マス・メディアからの知識吸収力を規定する要因である」としていました。一般児童を対象にしたこの理論では、メディア情報への接触力や学習力が問題とされています。経済力があればソフト面やハード面を含め、多くのチャンネルから情報に接触できます。また、教育歴が高ければ読書から情報を摂取するようにトレーニングされている割合が高いかもしれません。あくまで、そこで問題にされている能力は、教育的なテレビ番組から提供された情報をいかに効率よく記憶できるかという能力です。本書のテーマである政治的コミュニケーションに即して考えると、どの政党・候補者が自分たちにとって有利な政策提言をしているかを短時間で取り出して効率的に記憶できる能力ということになるでしょう。

その後、この仮説は同じくティチナーら（1975：pp. 3-23）によって修正され、知識の一定以上の受容には経済力や教育水準だけでなく「情報摂取への動機付けの高低」も重要な要因であることが指摘されました。テレビやラジオ、新聞・雑誌等のメディア自体が買え

なければ、公共の施設でそれを代替できます。また、情報の所在がわからない場合や、言葉・語句・用語がわからなければ、人に尋ねることもできます。これらは学歴や経済力の有無とは必ずしも関係がありません。何らかの意味で、その情報が役に立つこと＝知識獲得動機が高められていることが重要であるということです。つまり、事前の政治情報へのリテラシーが十分でなくとも、争点の重大性が明らかにされ、何らかの対処が必要とされることがわかれば、人はメディアからも学習しようとします。ここからも、熟慮誘発が起これば、その後の情報摂取・学習が自主的になされる可能性があることがわかります。以下では、情報特性と学習対象への熟慮誘発との関係についてもう少し考えてみたいと思います。

3．教育学における受け手（生徒）への熟慮誘発機能

まず、付与される情報の構成と熟慮誘発との関係を、学校教育の現場で模索されている「問題発見・解決型学習（Problem Based Learning)」授業への取り組みから見てみます。そこでは、いずれ学習の主体とならなければならない生徒に対し、教師はどのような形で知識を手渡していけばよいのかという問いが検討されています。それは、有権者の熟慮誘発に果たすメディア報道のあり方にも移転できる問題意識です。問題解決に向けてより望ましい処方箋を求めようとする動機の喚起を第1に考える教育学的配慮は、本章の課題である熟慮誘発効果に近い構造を持っています。

「問題発見・解決型学習」授業でのポイントは、当初の教師側からの生徒への情報がどのようであれば、後続の主体的学習が可能になるかにあります。この点に関し「状況学習（The Contextual Teaching and Learning：以下CTLと略記）教授法」は、以下のような提言を行っています（Johnson, E. B. 2002：pp. 36–37）。ポイントは、その知識が実際に使用されている実生活上での「状況」を最初に提示し、その知識が利用者にとってどのような利便可能性があるかをできるだけ明確にする点です。つまり、ある問題を解決する可能性がある知識を、問題状況との関連から提示します。そして、この関連を生徒自身の直面する問題点と結び付けることによって、関連情報へのさらなる学習動機を発生させ、主体的な学習が可能になることを意図しています。各知識が持つ有用性の中から学習対象と生徒および彼の日常生活との関連（意味＝文脈）を提示し学習動機を高めることで、後続の本学習動機を高めようとする点が特徴です。学校教授法の研究者によっては、教師のこの工夫のことを、生徒の日常生活の文脈の中で学習対象を有意味化することであるとしています（西林克彦. 2001：pp. 137–153）。一方、学習者と状況がまったく説明されず、ただ「将来いつかどこかで必要になる」という前提の教授法は「冷凍庫モデル」と呼ばれ改善の対象とされます。CTLによると、学習にあたって生徒が第1に学ぶべきことは、知識そのものの内容ではなく、その知識内容を学ぶことの意味（Why）であるとし、教師の役割は「知識の与え手（Knowledge–Giver)」から、情報と生徒の生活文脈を繋ぐ「接続者（Knowledge–Connector)」に変化しなければならないと言います（Parnell, D. P. 1995：pp. 61–80)。学習心理学を研究したオースベルら（オースベル, D. P. &ロビンソン, F. G. 1969/1984：p. 200）は、以上のような学習対象を学習者の既存認知構造に結びつけやすくする情報を、先行学習情報（Advanced–Organizer）と呼んでいます。また、これによって新しい知識が生徒の既存認知構造に結びつけられることを「係留：つなぎとめ」とも呼んでいます。これは、学習対象を学習者の既存の関心や知識体系に関連付ける「大枠組み」を提示することにほかなりません。

もちろん、教師側から先行学習させるための情報が提供されても、各生徒がそれを自分の既存関心や利便可能性に結びつけることができなければ熟慮誘発効果は生じません。知識の選択によってより有効に自己の問題を解決しようという動機付けが起こらないからです（市川伸一. 2003：p. 64）。小中学年齢の児童を対象にした調査で、数学的計算能力の取得が実際の販売業務といった生活体験を伴う場合には、習得期間が短く正解率も高いとの報告は、その知識の有効性を事前に先行学習できているからであると考えられます（Carraher, T. N., Carraher, D. & Schliemann, A. D. 1985：pp. 21–29）。つまり、生活体験が大枠になって、すでにどこかで直面する問題を有効に解決する知識は何かという熟慮動機が誘発されていると考えられます。以上の指摘から、新しい知識を学ぶ場合、当初の教師側からのアプローチの仕方が、学習対象への構えを形成する＝熟慮動機を誘発するには重要であることがわかります。

わが国においても、CTL 教授法は「構成的アプローチによる学習」「文脈に埋め込まれた教科内容」「正統的周辺参加による学習」といった表記で、認知科学からの成果も取り込みながら教育学習の現場に示唆を与えています。今井むつみと野島久雄（2003：pp. 203–216）は、この立場からの研究成果を整理して、学校教育において生徒の主体性を高めるためのプログラム例と成果を紹介しています。それは、米国で作られた小学校高学年から中学生までを対象にした算数教材です。テネシー州にあるヴァンダービルド大学の認知・テクノロジー研究センターのメンバーと現場の数学教師との共同作業による教材で、ジャスパープログラムと呼ばれるものです。ジャスパーと呼ばれる主人公が日常生活で遭遇する問題がビデオの中に物語として描かれており、彼の出会う困難を生徒が一緒に考えて解決していく内容になっています。１年後の比較調査では、生徒の算数に対する態度と問題解決能力において、従来型の教材グループとの間で高い有意差があることが示されています。このプログラムが優れている点は、子供が興味を持つ大きな問題状況の中に、ステップを踏みながら徐々に問題解決をプランニングする能力とそのための下位の知識、技法を養う工夫がこらされている点です。生徒の日常生活文脈にも起こるような問題を提示して、自分もそれを解決しなければならないという熟慮が誘発された後で、解決に必要な技能・知識がヒントとして与えられていく構造になっています。つまり、プログラムにはCTL教授法が取り込まれ、①学習者が置かれた状況、②遭遇しうる問題、③新知識との関連を明確にすることで、後続学習の主体性と成果が高められることが紹介されています。

問題発見・解決型学習法やCTL学習法といった学習論の背景には、現代の知覚心理学や認知心理学が「学習」に関して示している「反バケツ理論」の考え方があります。批判の前提になった「バケツ理論」とは「人間は目や耳から感覚データを次から次と吸収していくと知識というものが自然に形成されていく」という教育観です。人間の頭をバケツにたとえ、そこへ次から次へといろいろなものを放り込んでやると底にたまってくるのが知識だ、という立場です。つまり「学ぶ」を頭の中に「百科事典」を作ることだと考えます。客観的で正確な知識を自分の頭の中に写し取ることが「学ぶ」ということで、何度も接触することによって記憶するリハーサル記憶などはこれにあたります。しかし、「反バケツ理論」では、断片的な知識を詰め込んで成立した「百科事典」は時間がたつと文字が消えてしまいやすい、という点を問題にして「学ぶ」ことは頭の中に「日記」をつくることだと考えます（進藤聡彦．1999:p. 184）。このように考える教育学者は他にも多く、知識の日記化を以下のように考えています。

日記とは自分の世界を書くものである。客観的な知識が〈自分の世界〉を潜ったときに出来あがるのが日記である。学ぶとは、外部にある客観的知識を自分の頭に写し取ることであるが、学びが成立するためには、〈自分の世界〉を潜ることが必要なのである（真柄敬一．1998：p. 40, p. 47）。

つまり、外部情報たる新しい知識が、これまで本人が形成した知識と融合するときにもたらされるのが日記ということになります。各学習者の視点で日記化された情報は、日常生活の文脈から知識を捉えているので、学習される知識の意味を理解できていることになります。また、このことは4章で考察するように、学習内容が記憶に残り、学習に継続性が生まれやすいことにも繋がっています。CTL 学習理論は、このメカニズムによって学習に主体性が生まれやすいことを強調します。

したがって、問題発見・解決型授業を目指す教師が工夫しなければならないことは、学習者が現在持っている関心や知識から、各自にとっての問題を発見させる日記化作業ということになります。そこでは、提示される問題が生徒の日常関心まで降りてくることが重要になります。しかし、通り一遍の概説型の授業を受けただけで問題を「日記化」させることができる生徒はごく少数でしょう。教師はさまざまな工夫を通して、各生徒の関心・期待・発想に絡み合うような問題を提示して「接続」を試みなければならないということになります。それはジャーナリズムでも同じかもしれません。視聴者・読者の世界を拡大して、より大きな世界に視聴者・読者が直面する問題を接続するための工夫が求められます。図3–1は、以上述べた生徒の主体的学習を誘発するための、情報提供過程をまとめたものです。

知識学習の動機付けを先に確保して学習効果を上げようとするCTL 教授法がその実践面での困難さから多くの課題を内包している

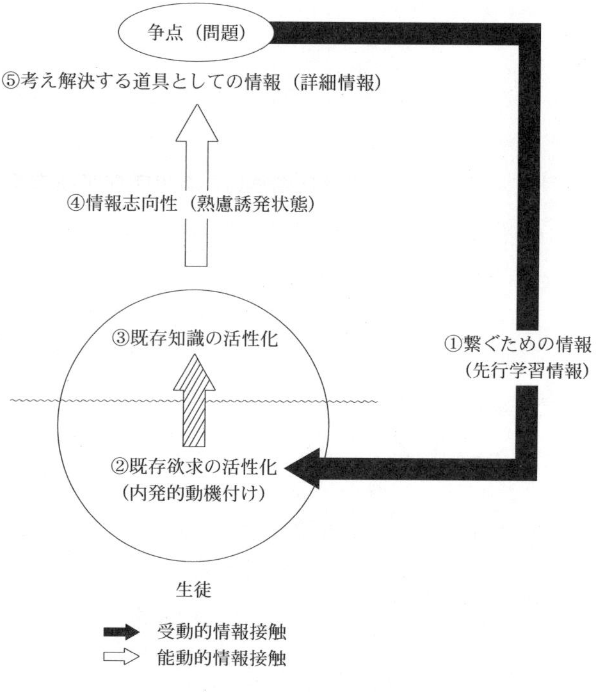

図3–1　先行学習理論から見た主体的学習誘発過程

にもかかわらず、90 年代に入って米国の初等・中等教育過程で再度注目されてきたのは、無気力学生や義務教育課程での中途退学者の急激な増加がその背景にあります。これは、詰め込み型の義務教育法がある意味で限界にきていることの証拠でもあります。この現象が将来のわが国教育界の課題であるか否かは、本書の課題ではありません。ただ、公的判断に必要な情報を有権者が学習できないまま選択を迫られる現状は、生徒が学校で付与される情報を消化できないまま試験を受けさせられている状況とも類似性があります。本書が問題発見・解決型授業とCTL 教授法から参照したいことは、有権者が争点学習に対する主体性を回復する手がかりです。

これらの教授法を、争点報道にあてはめるとどのようなことが言えるのでしょうか。それは、先行的な初期報道で、視聴者・読者に対し争点を日記化できるような意味接続（Connection Report）ができれば、争点学習への熟慮動機も誘発しうる可能性が高まるということです。詳細な客観的事実報道（Detail Report）だけでも、状況によっては量的な議題設定効果が生じるかもしれません。しかし、単なる量的な議題設定だけですと、問題の日記化が起こらないため、後続効果としての熟慮誘発がなされる可能性が低くなります。学習に役立つ心理学を追求し「有意味受容学習法」を提唱した先行学習理論（CTL 教授法）は、問題発見・解決型授業運営の理論的中核であると同時に、教室において果たすべき教師の役割を示しています。それは、民主主義社会において政治報道が果たすべき役割という点においても１つのモデルを示しているのかもしれません。

4．広告論から見た先行学習機能の危険性

3節でみた先行学習機能（Advanced Organizer）の考え方の根底にあるのは、人は自分にとって大切なもの（争点・趣味・商品 etc.）が手に入ると、関連する情報を真剣に求め出す、という情報行動パターンの存在です。逆に、対象が自分にとって大切なものと気付かない限り、たとえ関連情報が高く目の前に積まれても、見ようともしないということになります。社会心理学の教科書によく書かれている「特定車種の新車カタログを一番熱心に読み理解しようとしている消費者は、その車種を購入した人」という現象にも繋がるものです。

しかし、先行学習論を広告論の世界から見ると、危険性があることにも気付きます。先行学習される内容によっては、熟慮動機が誘発されても、実際に熟慮過程が作動しないでパニック状態に直結してしまう場合です。そこでは、情報摂取への強い動機付けが逆に利用され、短絡的に特定の解決策だけが主体的に選択されるように誘導されます。

広告論では、直面する課題を認識させ解決策を模索させて消費動機を喚起するという手法は、イシュー・ブランディング（Issue-branding）と呼ばれています（玉木剛他．2004：p. 144–165）。その根底には「そもそも消費者は、その商品が解決する問題（商品の持つ意味）に気付いていない」という視点があります。このような場合、ただ商品やサービス（争点）自体を広告（報道）しても意味はなく、事前に消費者の抱える問題（Issue：イシュー）自体を広報していく必要があることを唱えます。商品自体を売り込むのではなく、その商

品・サービスが解決策となる問題自体を先に広報することで、結果として商品の認知度や売り上げをアップさせるという考え方です。

このような手法が注目される背景には、現代における情報洪水社会の存在があります。情報洪水社会では、商業広告自体も提供過剰になっていて、消費者がそのニーズに気付く前に、多くの商品・サービスが提供されることになります。商品提供者の意図に反し、消費者はその商品が何の役に立つかわかっていない状態の出現です。提供者側としては、ニーズ（Needs）がまだ消費者の潜在意識の中に発生する前に、いち早くそれに気付き、商品開発を行い製品化することが、ライバル他者に先行して市場を制するためには大切なことになります。しかし、その広告のタイミングが早すぎると、画期的商品であっても、購入者側がその「問題」自体に気付くことができず、いわば「猫に小判」の状態になってしまいます。つまり、ある商品を普及させたり売り上げを伸ばすためには、それが解決する問題自体を啓発して消費者の意識を変えた方が効率がよく、また効果的な場合がある、という結論になります。直接的に商品を広告するのをpush型のアプローチとすると、イシュー・ブランディングは、消費者の興味を引かせて商品需要を喚起することから、潜在的な消費者の意識を引っ張り出して顕在化させるpull型の広告と考えられています。商品そのものよりも、それが解決する「問題」を先に広めることで、消費者が問題を認知し、自動的に解決策を求め商品への理解も深めていく点に注目する手法です。この点は、前節の先行学習理論と共通する視点を内在しています。図3–2はpull型広告のイシュー・ブランディング法を対比的にまとめたものです。

しかし、広告論の場合、教育論とは異なり、最終的には提供する商品を購入してもらうことが目的です。したがって、解決すべき問

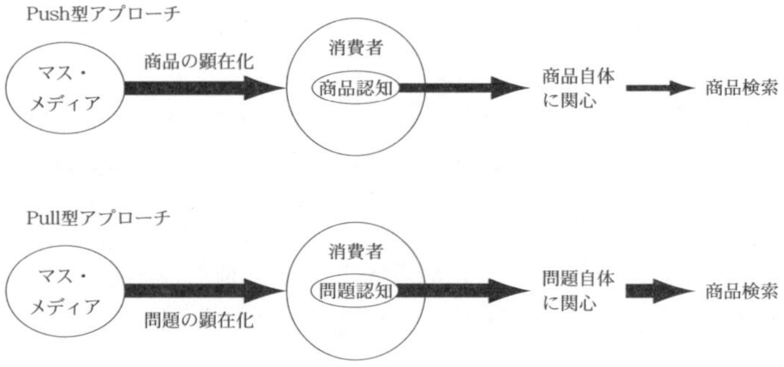

図3-2 従来型の広告とイシュー・ブランディング法との対比

題（イシュー）を明確化し、解決を求める消費者の主体性を喚起する一方で「その問題を解決するのはわが社のこの商品である」というシナリオが用意されなければなりません。教育論のCTL教授法と同じ手法を取りながらも、受け手の熟慮レベルをどこまで自由にさせるかという点で両者間に決定的な違いがあります。イシュー・ブランディング法の究極には、直面する問題のデメリット（恐怖・脅威）だけを過剰に煽って、関心や注目を獲得する恐怖訴求法と呼ばれる手法があります。そこでは、恐怖訴求によって受け手の論理的・理性的判断を喪失させ特定の情報への誘導が試みられます。恐怖訴求法とは、以下のように考えられています。

①初めに恐怖（デメリット）のみを与える。
②同時に具体的な対処法（商品・サービス）を提示する。
③その対処法で恐怖、脅威から逃れられることを認識させる。
④その対処法を実行、購入すべきであると納得させる。

患者に、将来の影響を「難病であり死に至る」と伝えるだけでは、理性的判断は期待できません。患者は、目の前の恐怖から逃れようとワラをもつかむ気持ちだけで短絡的な思考と行動を引き起こすことになります。恐怖訴求法による誘導については、恐怖部分（デメリット）についてもう一度反論を付記する、つまり、受け手に考える間を与えることなくその脅威を取り除くための特定の方法（解決法）も同時に提示すると効果的である、との研究結果が示されています。しかし、当初の恐怖があまり過度のものである場合は、受け手は目を背けてしまい、情報の受容を途中で止めてしまうので効果的ではないともされます（今井芳昭．1997：p. 168）。以上の点に気をつければ、恐怖訴求法は、問題を認識させると同時に受け手の論理的・理性的判断を萎縮させることで、特定行動を取らせるのに効果的な方法と考えられています。

たとえば、消費者に「あまり知られてはいませんが、家庭の中で今、最も衛生上危険なのは洗濯機の中なのです」「洗濯機内のばい菌が従来の予想以上に繁殖し、乾燥後も皮膚炎やアレルギーを発症させるという研究結果が発表され……」という問いかけで一種の恐怖を喚起します。「怖い。私の家はだいじょうぶ？」と思った瞬間に、消費者は家庭内の新たな「問題」に関与し、同時に恐怖訴求されたことになります。その後、消費者は自らその解決策を求めるようになり、詳細情報を獲得しようとします。こうした流れを事前に作り上げたうえで、「除菌効果の高い洗剤」を後続で提示する手法が、広告のイシュー・ブランディング法であり恐怖訴求法でもあります。「お宅の洗濯機内のばい菌がこんな弊害をもたらす」という日記化されやすい情報が、恐怖訴求戦略とも結びついて消費者を商品購買へと誘導しています。

この広告手法を、争点報道の熟慮誘発効果との関連で考えるとき、留意すべき点が浮かんできます。それは、日記化されることを意図する情報が一面的なデメリットだけを強調する恐怖訴求にならないようにする配慮です。恐怖訴求提示では、短期的な目先の解決策だけに目が行きますから、選択肢間を検索（熟慮）する余地はなくなってしまいます。主体的な情報比較の余地が閉ざされてしまいます。本来、争点と言われるものには、選択を迫られる者にとってのメリットとデメリットという２面性が内在しています。すべての人にとって、メリットあるいはデメリットしかもたらさない問題は、争点にはなりません。「争う」必要がないからです。恐怖訴求法を用いた説得は、生活面への影響予測情報であってもデメリット面だけの一面提示です。争点のデメリット面だけを取材報道するのは調査報道として意義があるものであっても、擬似的な恐怖訴求効果を発生させ、視聴者・読者に短絡的な反応を起こさせてしまう危険性もあります。以上のように先行学習機能を広告論の立場から見ると、争点報道には常にメリット・デメリットを含む両面からの大枠の設定が必要であることがわかります。つまり、両面呈示情報の重要性です。

５．コミュニケーション論「両面呈示モデル」から見た熟慮誘発機能

では次に、提供情報の視聴者・読者にとっての両面性と熟慮誘発効果との関連について考えてみます。前節でみた両面呈示情報は、熟慮誘発機能とどのような関係にあるのでしょうか。まず、メッセージ内容がもたらすメリットとデメリットの両面を呈示することが、当初から反対する人や関心の高い人に対しても説得効果が高ま

る傾向を示した「両面呈示モデル」に注目してみます。

コミュニケーション論の説得効果研究の中にある「両面呈示と一面呈示研究」(One-sided and Two-sided Message approach study ; Hovland, C. I. 1974 : pp. 5-53) は、判断対象に対する受け手の自己関与度の拡大を視野に入れた効果モデルです。このモデルでは、情報提供者の信頼性 (Credibility) が高いことを前提に、受け手が情報内容に「反対の立場」をとる場合や「関心が高い」場合は、商品やサービスの否定的な性質と肯定的な性質の両方を含んだ二面情報を提供する方が説得効果が高いことを示します。受け手にとって、判断対象のデメリット部分も示された方が、特定の評価を押しつけられたという感覚から解放され、主体的に比較考量して得た自分の評価という感覚を持ちやすいからでしょう。しかし、このモデルの最終目的はあくまで説得であることから、最終的に提供される両面情報の割合は、意図的に偏向して設定され評価誘導を目指しています。デメリット面には反論が付記されるなどして、トータルとしてメリット情報の割合が多くなるように工夫されることになります。その後の研究では、両面情報の反論部分へさらに反駁情報を添付したメッセージ (反論付き両面呈示情報) の方が安定した説得効果があることが示されています (Allen, M. & Hale, J. 1990 : pp. 275-291)。

しかし、このモデルが、争点のメリット・デメリットといった両面呈示によって、受け手と判断対象との関係をより明確にし、一時的にせよ単なる簡略的情報処理や他者依存的処理以外の心理状態に向かわせた点には注目したいと思います。このモデルの着眼点を応用して考えれば、比較考量という概念で再度選択肢を自分なりに考えさせた点は、たとえ短い時間でも熟慮誘発に成功していると推測することもできます。両面情報によって「当初の自分の立場では、もしかしたら利益を確保できないかもしれない」という予期を一瞬なりともシミュレーションしたからこそ、立場を変える受け手が有意に多かったわけです。もちろん、その後の追試実験でも、説得方向に誘導されない受け手がいることが確認されていますが、ここで提案したいことは、それらの受け手も選択肢の結果を予期するシミュレーションを行った結果として、立場を変えないという選択を行った可能性があるということです。すなわち、そこに説得効果はなくとも熟慮誘発効果はあった可能性があります。

マニフェストに代表されるように、「政治争点」の将来予測に関する情報は、有権者生活意識との関係をより明確にしようとする試みです。これによって、短絡的な反応が引き起こされ有権者へ強制なき同調が引き起こされるのでは、マニフェスト本来の意義が失われます。コミュニケーション論の「両面呈示モデル」を熟慮誘発機能の視点から捉え直してみると、意図的に設定されたメリット・デメリットではない「開かれた両面呈示」情報によって構成された争点報道は、「比較考慮の必要性」を認識させることで熟慮誘発機能に繋がる重要な要因となるかもしれません。このような情報提供機能は、２章で見た情報処理過程モデル（図2–12）で言うとＢルートに対応しやすいのです。この情報は、感情喚起型報道に対応するＡルートの「既存評価を刺激活性化」するものでも、Ｃルートの「多数派を意識した行動同調や行動抑制」を招来するものでもありません。この情報機能は、より望ましい解決策を求める熟慮の必要性認識を誘発する点で、個別具体的な情報処理（Ｂルート）に近いものです。

6．政治ニュースのフレーミングと熟慮誘発機能

熟慮を誘発しやすい情報の性質とは何かを考察することは、記事・ニュースをいかにフレーミング（枠組み設定）すればいいかということでもあります。前節までの考察では、受け手が熟慮しやすくなるためには先行的に熟慮誘発する性格を持った情報が提供されなければならない、ということになります。それは、政治的メディアが「知らせるメディア」だけでなく「問いかけるメディア」の色彩を併せ持つことでもあります。この関係をまとめると図3–3のようになるでしょうか。この図は、１つ前の図3–2の内容にも対応します。「問いかけるメディア」では、熟慮誘発を促す先行的な「先導機能」と、熟慮を実際に助力する「支援機能」に区別されます。

ここでは、有権者に提供される情報は２つのタイプに分かれるだけでなく、有権者に受容される順番が問題になります。第１段階として示される先行的情報には、争点が視聴者・読者の生活に及ぼす影響が示され、この時点で、争点の持つ問題性の認知がなされることが重要です（４節の商品広告のケースでは、Pull型の広告戦略に当たり、そこでは商品が解決する問題の認知が目標です）。もちろん、すべての有権者・視聴者・読者にとって同一争点が同じ程度の問題性や影響を持っているわけではありません。多様なメディアが多様な内容の影響予測を行うべきでしょう。しかし、情報の性格はあくまでも、各視聴者・読者に対する問題性の提示です。これによって、少しでも多くの立場から争点の意味を理解してもらうための情報群です（３節の学習論から言うとAdvanced–Organizer機能をもつ情報群ということにもなるでしょう）。

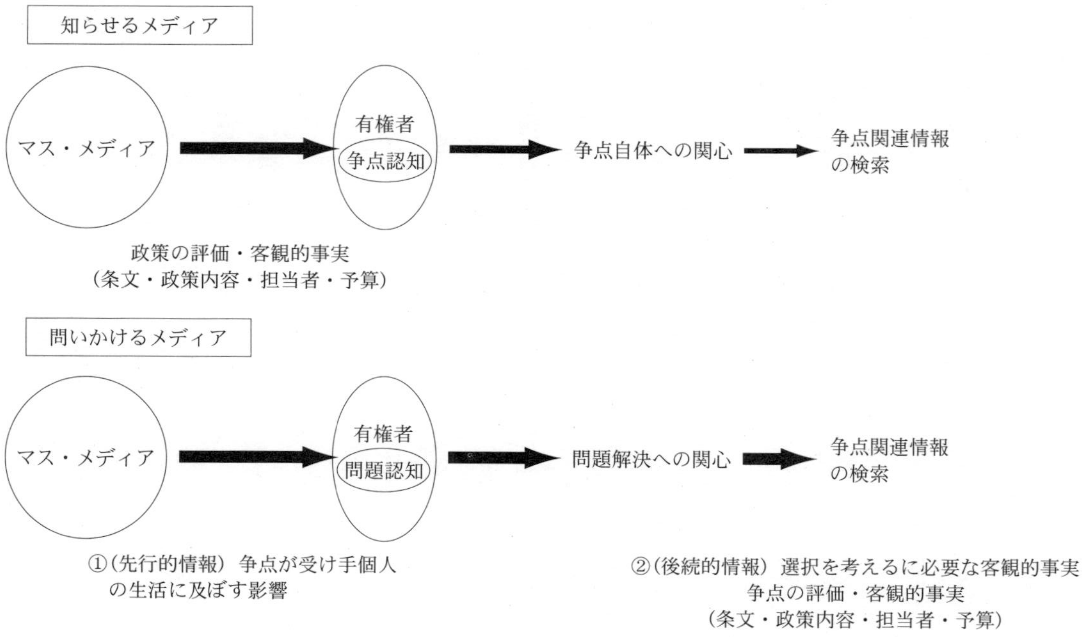

図3–3 「知らせるメディア」と「問いかけるメディア」の情報構成

第２段階として提供される後続的情報は、先行的情報によって点火された問題解決に必要な客観的情報群です。具体的には、各党が掲げる争点を解決するための政策の内容といったものになります。マニフェストでは、期間や予算や条文や担当者というような点が示されることになるでしょう（４節の商品広告のケースでは、Push型の広告戦略に当たり、そこでは商品そのものの認知が目標です）。実際の報道では、第１段階情報と第２段階情報が混在して提供されているはずですが、理論的に整理して対比するとこのように言えると思います。重要なことは、それぞれ異なった機能を持つ２つのタイプの情報群がいつの時点でも、視聴者・読者に提供されているということです。

それに対して、「知らせるメディア」では、当初から争点自体が持つ客観的事実が中心に提示されます。「問いかけるメディア」の場合と異なり、受容される情報群の順序概念は希薄です。この情報が視聴者・読者が持つ既存知識やニーズと偶然的に一致する場合は、熟慮誘発もなされますが、その一方で、表面的にメディアが提示する争点自体への関心だけで終始してしまう可能性も高くなるものです。このような情報フレームの場合には、以下のような批判も生じることになります。

米国の政治ニュースのフレーミング（Framing）特性として、グレイバーは、「ジャーナリストは、平均的な米国人が争点の本質を捕まえやすいように選挙キャンペーンでのメッセージを形成していない」と、マス・メディアの枠組み設定「フレーミング」を批判的に捉えています（Graber, D. A. 1994：pp. 331–346）。グレイバーはアメリカの代表的メディアのフレーミング上の問題点として、①平均的市民には難しい（Miss–match）、②「なぜ・どのようにして」の部分が不明確で魅力に欠ける、③新聞が読者に要求する読解能力は高く、テレビニュース構成は短く中断が多いなど、user-friendlyではない、ことをあげています。このような批判に対処するための１つの方策として本書では視聴者・読者の日記化につながる争点情報の両面呈示報道に注目します。それは、視聴者・読者に対して熟慮誘発機能を持ちやすいからです。その際の両面呈示は、一定期間のトータルとして示されていればいいのか、１つの記事ニュースごとにパッケージとして呈示されている方が有効なのかは、今後の検証課題になるでしょう。

残される問題は、先行的に示される熟慮誘発情報の誘導性です。これが選挙報道場面で利用された場合、フレーミング理論が危惧するように、メディア側からの新たな評価誘導装置に繋がらないかという点です。先行学習機能は、あくまでも争点に対する内発的動機を高めることを目的として提示されるもので、提示目的は争点の評価よりも内発的動機の誘発にあります。ここでのフレーミングは、既存の固定観念や先入観の活性化による評価誘導を狙うものではありません。しかし、争点のもつ意味を両面呈示によって有権者に先行学習させたとしても、それが、報道側からの争点操作の問題を払拭するものではないでしょう。しかも、その争点のもつ何をメリット・デメリットとするかはメディア側の自由です。その組み合わせは、メディアごとに多様であり、それらの情報に接触できる環境も必要になります。しかし、初期に付与される両面情報の「メリット・デメリットの割合」が意図的に閉じられたものではない状態が確保されたとすればどうでしょう。実践面で多くの課題は残るにせよ、報道が先行学習機能をもつことで、争点を自分の問題として考える熟慮誘発に繋がりやすいことにならないでしょうか。

たとえば、環境保全問題を例として取り上げてみましょう。交通機関や火力発電からのCO_2排出増加が世界的規模での地球温暖化に繋がり、最終的には干ばつや水没によって他国に住む人の生活利益に多大な損害を与えることが繰り返し報道されたとします。でも、そのフレームが日本人にとってのメリット・デメリット呈示に繋がらなければ、その情報は先行学習機能を持ちにくく、熟慮誘発も発生しにくいことになります。本書の考えでは、その機能を持たせるためには、日本でその報道を見る人の生活利益にまで繋がらなければならないことになります。CO_2排出増加がもたらすメリット・デメリットは、あなたの生活の中でいずれどのような形となって現れ、CO_2排出削減に努力したら、どのようなメリット・デメリットを享受できるか。このようなことがたまたま目にした記事・ニュースに１パッケージとして提示されていれば、多くの人にとって、たとえ一瞬といえども熟慮を誘発される機会は増えるのではないでしょうか。

アンソニー・ダウンズは、「政治情報の入手と分析にはコストが掛かり、コストは時間・労力・機会によって測ることができる。したがって、合理的有権者がコストを負担するのは、実質的な見返りが約束される情報に限られる」（ダウンズ, A. 1957/1982：Ch. 11）と指摘しました。そして、そのような情報が存在しない場合は、十分な知識に基づく投票は手段として利点が少ないので、有権者は合理性に基づく無知（知ろうとしないこと）を選択する（前掲：Ch. 13）とも言っています。このような状況では、有権者は候補者や政策のイメージ・ムードだけで投票を行いやすくなります。

市民が十分に情報を与えられ議論したうえで形成される公的判断（Public Judgment）の形成に、マス・メディア報道自体が貢献できる可能性を模索するならば、報道フレームがまず視聴者・読者の争点に対する熟慮を誘発することが必要です。それは、自己の生活圏との接点を可視的にする先行学習機能を備えたフレームの存在といった報道内容の質が問われることでもあります。

4章 質的議題設定機能としての熟慮誘発効果

1．質的議題設定と量的議題設定

前章では、政策の持つメリット・デメリットを各有権者の生活レベルで提示できる度合いを情報の「質」的側面と考え、このような報道フレームが熟慮誘発機能の重要な要因であることを見てきました。この要因が「熟慮誘発機能」と関係があるならば、メディアの議題設定機能も、当然、情報量だけでなく情報の質によって変化する可能性が生じます（ここでの質的情報とは、視聴者・読者にとっての意味を問う情報です）。すなわち、有権者が自己の直面する問題の重要性に気付かされることで、報道量が相対的に少なくても、争点重要度は高く設定されるのではないかという可能性です。したがって、議題設定の従属変数には、①報道量、②メディア接触頻度、③オリエンテーション欲求といった従来要因だけでなく、それら要因を刺激する報道の「質的」要素が加わる可能性があります。

このように考えると、情報の視聴者・読者に対する先行学習機能は、熟慮誘発機能とともに内発的議題設定機能を持つことになります。内発的議題設定とは、相対的に少ない情報接触量であっても、情報が（受け手に対し）争点について「もっと知りたい・話を聞いてみたい・考えてみよう」という気持ちを伴う議題設定機能です。情報刺激量の多さによって記憶される量的な議題設定とは、認知構造が異なります。本書では、この機能を量的な機能と対比させる意味で、質的議題設定機能と呼ぶことにします。ここでは、質的議題設定機能と熟慮誘発機能との関係を簡単な教室実験から考えてみました。

2．情報と記憶

議題設定機能研究も、広い意味での記憶研究に含まれます。認知心理学の「記憶」に関する研究では、被験者がすでに持っている知識と関連があるもの（意味記憶）の方が、意味がないものに比べ、少数のリハーサル（Rehearsal）刺激で記憶を自発再生できる割合が高いことが示されています。また、短期記憶か長期記憶かという区分においても、意味記憶の方が時間的継続性に優れていた、と言います。つまり、「知識の記憶」であっても「反復化記憶」と「意味・精緻化記憶」では、記憶のメカニズムに違いがあるということです（ステイリングス，N. A. 他．1987/1991：p. 91)。「反復化記憶」とは、情報の項目を何度も何度も繰り返し思い起こし、リハーサルすることによって記憶の保持をより確かなものとする方法です。量的な議題設定機能もこのような記憶メカニズムを前提にしています。この方法は、比較的少量の情報を短期間活性状態に保つのに効果的であるとされます。一方、「意味・精緻化記憶」とは、既存知識と記憶の対象となる外部情報間の意味的関連付けをイメージする方法です。この方法では、比較的多量の情報を長期間活性化状態に保つのに有効とされます。

ビィジョーク（Bjork, R. A. 1975）は、「反復化記憶」と「精緻化記憶」の効果の違いを測定しています。彼は、同じ情報を（A）繰り返しのリハーサルで記憶する方法と、（B）情報と他の知識・情報との意味的関連付けをイメージする方法の２種類間で比較し記憶再生率を測定しました。実験の内容は、互いに関連のない一般的な６つの４文字名詞のリストを覚えるように指示された被験者が、①20秒間単純に何度もリハーサルしこれを20回行った後の再生率と、②同じ時間の繰り返しで単語間の意味の関連付け（単語に関する文・話・イメージを作る）を20回行った後の再生率の比較です。それによると、（A）のリハーサル方法では直後の単語の再生率が高く、（B）の意味関連付け方法では直後の再生率は低いものでしたが、数時間経過後のすべての単語再生率では２倍の成果を上げたことを指摘しています。 また、クレイクとタルビング（Craik, F. I. M. &Tulving, E. 1975：pp. 268–294）は、被験者に一連の英単語を提示し、個々の単語を見る前に、いくつかのレベルの当該単語に関する質問を与え再生率を比較しました。質問は、①形態的、②音声的、③分類的、④文脈的、と表面的な処理を求めるものから深い処理を求める各レベルまでに分かれていて、40個程度の単語リストについて各レベルで質問した後に再生率を測ると、深い処理、すなわち④文脈的な質問項目上の単語ほど再生率が高いという結果が示されたと言います。

これらの実験は、メディアの議題設定力がリハーサル回数という刺激量だけでなく、受け手にとっての意味という、情報の質によっても左右される可能性を示唆するものです。本書の視点も、この情報の質的側面に注目しています。

今日、大脳生理学は、「意味・精緻化記憶」が、比較的多量の情報を長期間活性化状態に保てる理由を、脳神経細胞の構造を研究することで次のように説明しています（柳澤桂子．1995：p. 143以下）。記憶は、「海馬」と呼ばれる脳内器官で作られ、大脳新皮質で貯蔵されます。海馬で受容された情報が長期記憶に移行されるためには、情報がシナプスと呼ばれる神経繊維で他の知識に接続され、連想網が形成されることが重要です。この過程がノードの再焦点化（Node-Refocusing）と呼ばれ、この一連の神経細胞と神経繊維で形成された信念体系の束のことを、２章の「点火効果」のところでも示されたスキーマと呼んでいます。このメカニズムによって人間は、初期記憶から長時間を経た後でも、必要に応じて課題とされる知識を探索していると言います。

つまり、「意味・精緻化記憶」で、多量の情報を長期間活性化状態に保つことができるのは、意味連結作業を媒介として、記憶対象となる外部情報のスキーマ（既存知識ネットワーク）への組み込みが意識的に行われるためと考えられます。そして、既存知識ネットワークへの接続部分が大きくなればなるほど、記憶の割合が高くなることが示されています。つまり、既存関心や知識への接続です。オーウェンとボーワーら（Owens, J., Bower, G. H. & Black, J. B. 1979：pp. 185–195）は、「ある女子大生が医師の前で体重計に乗る」という文章と、これに「大学教授と交際していて妊娠していると思っている」というテーマを付け加えた文章を作り各文章の再生率を調査すると、テーマを加えた文章の方が46％も多く再生されたことを示しています。チェーシーとスピリッチら（Chiesi, H., Spilich, L. & Voss, J. F. 1979：pp. 257–274）は、野球について高度な知識を持っている被験者の方が野球の試合についての課題文をよく再生できたことを報告しています。一方、「反復化記憶」で、情報を短期間だけしか活性化状態に保てないのは、その情報の既存関心や知識への接続がなされないからであるとも考えられます。

したがって、記憶対象となる情報が既存知識に接続され「意味・精緻化記憶」されやすくなるためには、新たに付与される情報が「既存関心・知識との関連付け」を先行的に内包することです。この要件は、３章で見た視聴者・読者にとって「日記化されやすい情報」や「影響予測情報（両面呈示情報）」などと関連を持ちます。「影響予測情報（両面呈示情報）」が日記化されやすいのは、将来起こりうることを各人の生活圏内で提示することを志向しているからです。情報が信頼性を持って争点がもたらす影響を具体的に予測し「争点記憶」が定着すれば、これは、質的議題設定の側面です。教育学の側面でも、よく指摘される「関心がないことを覚えようとすると難しく、関心のあることをよりわかりたいと思って、いろいろ考えていると結果として多くのことが覚えられる」という現象も、それと同じ構造を持ちます（佐伯胖. 2004：p. 129)。一方、争点に関する「客観事実情報」自体は、反復頻度（リハーサル）を多くしなければ、記憶される割合は低くなると想定できます。量的議題設定も、同じような構造を持っています。

３．情報構成と議題設定機能

２章でも見ましたが、メディアの議題設定機能仮説とは、現実の社会に争点X_1・X_2・……X_nが存在し、それらの争点に対して、マス・メディアから強調度（横棒）が与えられると、その「強調度」に対応した形で人々の争点重要認知がもたらされる、というものです（図4–1参照)。前節の記憶メカニズムは、何をもってメディアの「強調度」とするかという点に関わります。これまで、わが国の国政レ

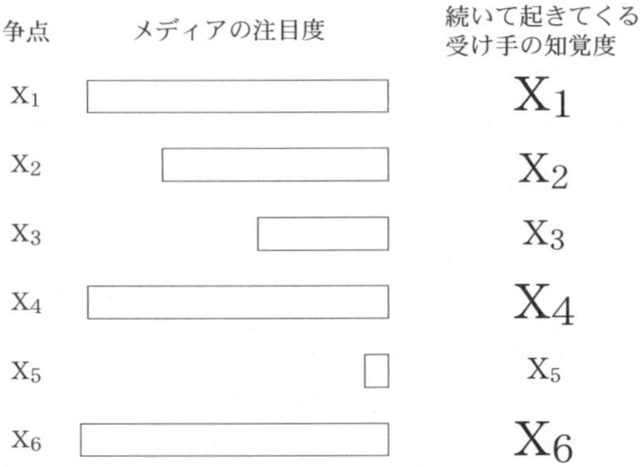

出典）McQuail, D. & Windahl, *Communication Models for the Study of Mass Communications*, Longman, 1981. p. 63.

図4–1　マス・メディアの議題設定機能仮説

ベルでの選挙で行われた議題設定機能仮説の検証では、いずれも、メディアの「強調度」の測定は、一定期間内の特定争点について、①その全報道量や見出しをコラムセンチおよび時間で測定する、②記事数をカウントする、③それらに掲載位置で比重係数を掛ける、のいずれかの方法がとられています（小川恒夫．1991：pp. 100–139）。そこでの「強調度」の考え方では、情報量や目立ちやすさに測定のポイントがあり、報道の内容を問題にしていません。

しかし、ここまでの考察では、マス・メディア報道が争点の持つ国民生活への影響をわかりやすく伝える、という機能を向上させた場合、マス・メディアの議題設定機能は、「報道量」だけではなく「報道内容」との相関でも問題にされなければならないことになります。これが「質的」議題設定機能の概念です。「量的」議題設定機能との関係を図に示したのが図 4–2 です。

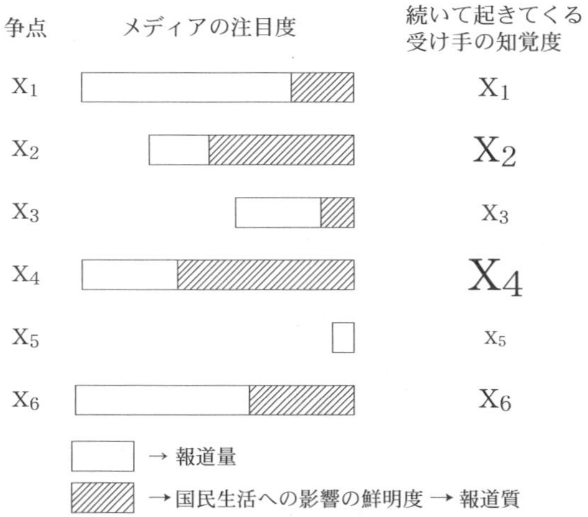

図4−2　量的議題設定と質的議題設定の関係

質的議題設定の可能性は、議題設定機能に関する先行研究からもある程度は想定できます。その理由は、以下の指摘によります。まず、争点と受け手の関わりです。２章の「議題設定効果」のところでも述べましたが、インフレのような、争点の性質が受け手にとって直接体験的で「身近」な争点では、報道量が少なくても重要認識や優先順位を高く設定しやすく、逆に、国際問題のような間接経験的で「疎遠」な争点では、受け手は報道量からの影響を受けやすいと言われています（Zucher, H. E. 1978：pp. 225–240；ウィーバー, D. H. & マコームズ, M. E. 1981/1988：pp. 210–213；Weaver, D. 1994：pp. 347–356)。直接体験的で「身近」な争点では、争点情報を志向する動機付けが当初から高いので、少量の報道でも影響を受けやすいのです。一方、「疎遠」な争点では、自己の生活に対する影響の予測が不明確なため、情報への動機付けが低いことが通常です。そのため争点記憶を明確にするためには報道量が必要になります。しかし、当初疎遠な争点でも、報道が生活への影響を明確に予測できる場合は、受け手は争点設定に動機付けを持てることになります。この場合、報道の質が問題となります。

争点の具体性によっても議題設定力が変化するという指摘（Yagade, A. & Dozier, D. M. 1990：pp. 3–10）もこの考え方と同じです。「核軍縮や財政赤字問題」は抽象的な争点であり、「麻薬やエネルギー問題」は具体的争点として考えられています。つまり、生きいきと具体的イメージを思い浮かべることができる「具体的争点」の場合は、争点を自分の問題として設定しやすいものです。具体的イメージを思い浮かべやすい、ということは、生活に対する影響が予測しやすいということでもあります。したがって、当初抽象度の高い争点であったとしても、報道が争点の持つ自己への影響を明確に示唆できる場合、議題設定力は高まることになります。

オリエンテーション欲求と議題設定機能との関係からも同じような推測が成り立ちます。オリエンテーション欲求仮説とは、争点設定への確信度が低い状態で、争点に対する自我関与度が高くなると、オリエンテーション欲求が高くなる。この場合、少量報道でも議題設定力が高くなる、と考えるものです（ウィーバー, D. H. &マコームズ, M. E. 1981/1988：p. 21）。説明のため２章でも示したこの考え方の基本を再度図 4–3 で示します。

この図式を前提に考えると、「生活面への影響予測情報」は、争点への「自我関与度」を高める方向に作用することになります。これは、⇩の方向へ、オリエンテーション欲求をスライドさせやすいことを意味します。つまり、「低い・中間・高い」などのオリエンテーション欲求レベルから出発しても、生活面への影響を明確に予

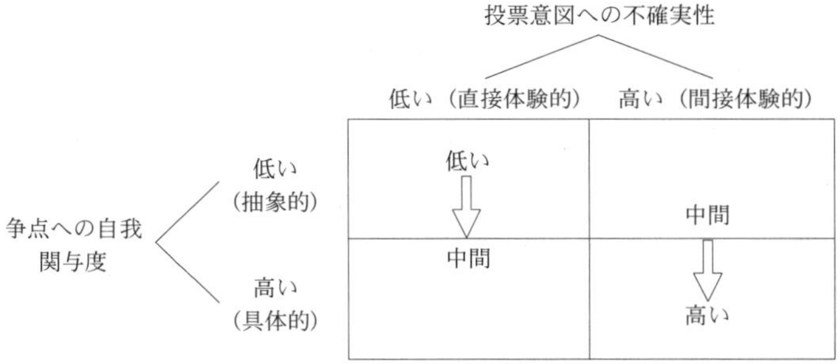

出典）ウィーバー, D. H. 他（1981/1988）『マスコミが世論を決める』竹下俊郎訳, 勁草書房. p. 106. に⇩を加筆。

図4–3　オリエンテーション欲求と議題設定力との関係

測する情報は、既存のオリエンテーション欲求を高め、議題設定力を高める方向へ作用します。争点へのオリエンテーション欲求の向上が、争点理解への動機を高め、関連情報志向性を促進するからです。つまり、理論的には、質的議題設定機能と本書のテーマである熟慮誘発機能とは表裏の関係にあると言えます。

1968年に最初の議題設定仮説について実証的テストを行ったウィーバーとショーがNAB（アメリカ放送事業者協会）の研究助成に提出した申請書には、「もしプレスがある問題について語るならば、人々も全体としてそれについてもっと語るようになるだろうか」というテーマが記されていたと言います。この文章に即して言い換えれば、ここでの関心は「もしプレスがある問題について生活面への影響を予測的に語るならば、人々も全体としてそれについてもっと語るようになるだろうか」ということになります。しかし、これまでの議題設定機能の検証調査では後続効果としての、受け手の熟慮誘発効果を確認するようなデータは収集されませんでした。本章では、その点に注目して簡単な検証実験を行ってみました。

4．質的議題設定機能の後続効果（調査結果）

調査は、争点関連情報を機械的に「影響予測フレーム」と「客観事実フレーム」によって書かれたものに分類し、どちらのパターンが受け手に対し「質的議題設定機能」＝「熟慮誘発機能」を持ちうるかを比較したものです。影響予測情報とは、争点賛否で起こりうる将来の結果をできるだけ生活圏にまで及んで提示するもので、上述の先行学習されるべき関連枠と対応します。一方、客観事実情報とは、予測のレベルが低くあるいは曖昧で、場合によっては、争点関連の事実のみを示すものです。

しかし、実際の政党政策綱領などを見ると、将来の結果の予測情報といっても、「安全な社会」とか「高齢者にやさしい」などの理念的なものが多く、具体的な影響予測情報を抽出することが困難なことが多いのも事実です（小川恒夫. 1998：pp. 98–103）。したがって、実験で提示された情報は、必ずしも政党の政策綱要やマス・メディアに掲載されたものだけではなく、専門家や研究室独自の取材・試算において構成された情報も含まれています。図4–4では調査の手順を示しました。情報構成上、留意した点は以下の点です。影響予測情報の特徴である生活圏に関わる将来の結果には、当然、自己の利害というものが関係してきます。自己の利害には、計算可能な経済的金銭的利害だけでなく信条・正義といった理念的利害も含まれますが、池田謙一（1994：p. 94）は、日本人の投票動機を、米国人のそれと比較し、社会的な正義志向型（Socio tropical style）というよりは、生活利益優先型（Pocket book style）である特徴を持って

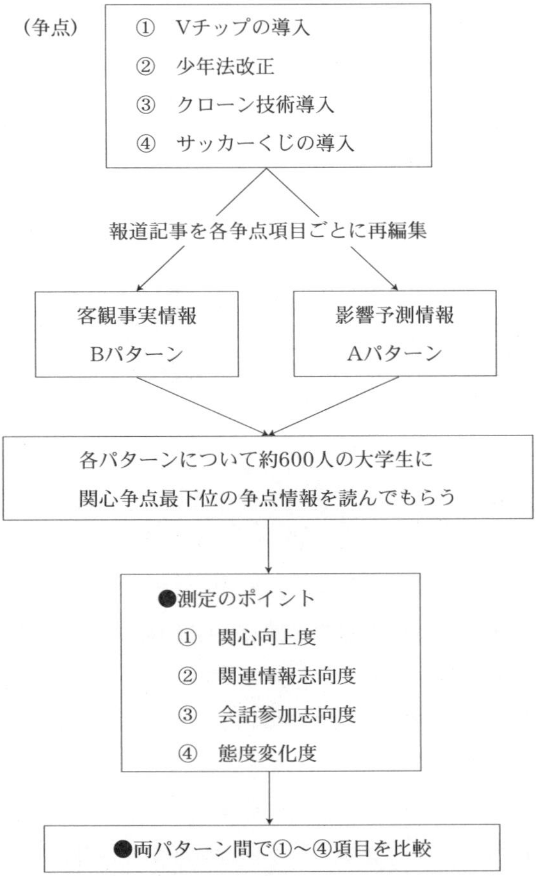


```
(争点)  ① Vチップの導入
        ② 少年法改正
        ③ クローン技術導入
        ④ サッカーくじの導入
```

報道記事を各争点項目ごとに再編集

```
客観事実情報        影響予測情報
Bパターン          Aパターン
```

各パターンについて約600人の大学生に
関心争点最下位の争点情報を読んでもらう

●測定のポイント
　① 関心向上度
　② 関連情報志向度
　③ 会話参加志向度
　④ 態度変化度

●両パターン間で①〜④項目を比較

図4-4 調査フレーム

いることを示唆する調査結果が多い、としています。今回の調査でも、付与される先行学習情報は、社会的正義といった観念的なものだけでなく、経済的利害にも配慮しています。

調査手順は以下の通りです。1998年6月から7月の調査時期、実際にマス・メディアで盛んに取り上げられていた4争点が対象です。まず、その争点の中から筆者の勤務する大学の文学部の学生約600人に1番低位の争点を選択してもらいます。その後、選択した争点についてどちらか一方の情報パターンで編集された活字情報を読んでもらいました。その際、両パターンの情報量が同じようになることを心がけ、情報項目は各争点ともに6項目になっています。影響予測情報では、メリット3項目デメリット3項目に統一しています。1番低位の関心項目に絞った理由は、その方が事前の知識が少なく、情報パターンによる関心向上度の差を測定しやすいと考えたからです。各情報パターンの内容は表4-1に掲げました。有効回答数は影響予測パターンで564人、客観事実情報で529人の合計1093人でした。

読後の回答欄では、まず当該争点の先行学習度を把握するために、情報提示直後の争点に対する①関心の向上度、を測定しました。次に②関連情報志向性（「もっと関連情報を知りたいと思いますか」）、③会話参加志向性（「この話題の会話に参加してもいいと思いますか」）といった内容で、後続の関連情報に対する学習態度を測定しています。この3点が高まることは、付与された情報が熟慮誘発力を相対的に高く持っていたと想定する手法です。図4-5はその比較結果を示したものです。関心順位の向上や態度変化までには至っていませんが、争点への①関心向上度（1％水準で有意）、②関連情報志向度（5％水準）、③会話への参加志向度（1％水準）でも有意性が検定され、影響予測情報での先行学習機能が高いことが想定されます。この結果は、同様の調査枠組みを用いた別の調査結果（小川恒夫. 1998）での結果とも符合します。

表4-1　各情報パターンの内容

「影響予測情報」パターン

①Vチップ解説文

Vチップ（バイオレンスチップ）とは、テレビ受像器に組み込み、暴力や性描写のある番組を過激度別にランク付けし、親が子供に見せたくない番組を選択できる装置。親が暗証番号を使って、見せたくない番組をチェックしておくとその番組の放送時間になれば画面が真っ暗になる仕組み。

（1）テレビにVチップを導入すると……

【メリット】
①娯楽的に描かれた「性や暴力」などに関するメディアからの情報氾濫を防ぐことにより、青少年の犯罪傾向を抑止することができる。
②テレビ局は性・暴力描写に頼らない質の高い番組を作り、広告主もイメージ的に良質な番組を好むようになれば、視聴者はより文化的で教育的な番組を得ることができる。
③国民は番組の質に対して関心を高め、視聴者が現在のように受け身ではなく、テレビ局に積極的に意見・要望を伝えることにより、視聴者の考えが反映された番組を得ることができる。

【デメリット】
④現在あるテレビを買い換えて、Vチップ内蔵型テレビを新たに買わなければならないため消費者にコストが掛かってしまう。
⑤今まで以上に過激なシーンが入った番組が制作放送され、Vチップを設置していないテレビから流れる過激な情報でかえって子供の好奇心が煽られ悪影響が生じる、といった逆効果も考えられる。
⑥芸術的・文化的に質の高い番組であっても、少しの暴力・性描写で高いランクに格付けされてしまい、親がその番組を理解せずなおかつVチップに頼った場合、番組自体が見られなくなってしまう。

②少年法改正解説文

少年法には、いくつかの改正すべき点があるといわれている。その論点には少年審判の公開、刑事罰適用年齢の引き下げ、少年審判への検察官の出席（現行では弁護士のみ出席）などがあげられている。

（2）現行の少年法を改正すると……

【メリット】
①少年犯罪の審判が公開され、少年犯罪の原因となっている教育の混乱・社会的な生命軽視の傾向・家庭の保護機能の低下などの社会的問題がマスコミによって浮き彫りにされ、問題解決への関心を高めることができる。
②刑事罰の適用年齢が16歳以上から14歳以上に引き下げられ、低年齢化・凶悪化という最近の少年犯罪に歯止めをかけることができる。
③少年審判に検察官を出席させることで、現行では一人二役（裁判官と検察官）の任務を遂行しなければならない裁判官が、警察官の取り調べ調書をあらかじめ読むことで、有罪の先入観に影響を受けるという弊害を防ぐことができる。

【デメリット】
④裁判が公開され、マスコミなどによって少年の実名や顔写真が公開される可能性が強くなる。そのため、少年は犯罪者というレッテルを貼られてしまい社会復帰が難しくなり少年の再犯率が上昇する。
⑤刑事罰の適用年齢が下がり、厳しい刑事罰を与える場合も出てくる。しかし少年犯罪は教育の混乱・社会的な生命軽視の傾向・家庭の保護機能の低下などの社会的矛盾が原因として起きたものが多いため、少年犯罪の抑止には繋がらない。
⑥治安維持を優先する検察官が少年審判に出席し、警察官の威圧的な取り調べと相まって、少年は恐怖心からウソの自白を認めるなど、公正な審判が行われなくなる。

③サッカーくじ解説文

サッカーくじとは、Jリーグ13試合の勝敗を予想して、1口100円の投票券を買い、すべての試合が当たれば配当金が配当されるシステム。コンビニや銀行・証券会社、ガソリンスタンドが販売所として想定され、19歳以下への販売は禁止される。収益はスポーツ振興事業・施設整備にあてられ、文部省が管轄となる。

(3) サッカーくじを導入すると……

【メリット】

①くじ収入の一部（総売り上げの12％＝約210億円）で、全国300ヵ所にNTC（ナショナルトレーニングセンター）の建設が予定されている。この施設は市民にも開放され、余暇の増加・高齢化社会を迎える将来の国民的レクリエーション施設として役立つ。

②NTC設置後、国民の体育機能向上のためスポーツ医科学的見地からの研究が行われるようになる。米国ではNTCでの研究により、陸上競技競泳者のタイム向上が見られた。また、ここでの研究成果は、小・中学校の体育教育などで一般国民にも還元される。

③15施設、5000億円以上の建設費が見込まれる2002年のサッカーW杯日本開催の準備資金にもなり、現在の予算だけでは補えない不足分を、国民の税金から拠出する必要がなくなる。

【デメリット】

④国民的に人気のあるスポーツ競技を「ギャンブル」の対象と認識し、子供の純粋なスポーツ意識に「スポーツとは経済的利益の伴ったもの」という歪んだスポーツ観を植え付けてしまう。

⑤暴力団や非合法な賭博団体などが審判や選手を金銭で買収することにより八百長試合が横行し、暴力団やある一部の賭博団体等が独占的な利益を上げ、黒い社会を潤わせてしまう原因となってしまう。

⑥国民への分配手続きが具体的に決められていない現在の分配システムでは、収益金は一部の競技団体にだけ優先的に分配され、全国の各地域団体やスポーツ団体施設など国民全体に還元されない可能性が高い。

④クローン人間解説文

クローンとは、成長した生物の体細胞の核を用いてつくられた同じ遺伝情報をもつ生物のことをいう。この技術は、原理的にヒトにも応用できることから、現在、倫理的・社会的に大きな問題となっている。

(4) クローン人間が誕生すると……

【メリット】

①臓器移植でしか助かる術のない難病人が、自分の細胞からクローン技術により臓器を作るため、ドナーを探す必要や移植手術後の副作用の心配もなく安全な移植が可能になる。

②不妊症対策として、たとえば、男性に精子がない場合、他の細胞を使ってクローン技術により子供を作ったり、親に疾患遺伝子がある場合には技術の応用で疾患のない子供が作れるなど、生殖医療分野に貢献できる。

③ある夫婦が手塩に掛けて育てた子供が死んだとき、その遺体からクローンを作ることが両親の精神的苦痛を解除するための唯一の手段となる。

【デメリット】

④「核提供者のコピー」である臓器や皮膚などを利用して、拒否反応のないさまざまな移植が技術的には可能となる。しかし、このことは、クローン人間が核提供者の肉体的スペアパーツ、つまり「モノ・道具」として作られることをも示唆しており、人間の尊厳や生命倫理は無視される危険性がある。

⑤キリスト教文化の国々では、「人間は『神がご自身に似せた形で作られた特別な存在』であり、人間が人間を自然の摂理に背いて勝手に作ることは、神のご意志に反する行為」であるとして、誕生させた科学者や依頼人、あるいはクローン人間自身までもが、差別や迫害の対象とされる可能性がある。

⑥優秀な遺伝子を持つクローン人間の産出を促進するが、強力な未知のウイルスや急激な地球環境の変化に襲われたとき、逆に、環境変化に対応する遺伝子の多様性がないため、人間を絶滅させる要因となる可能性がある。

「客観事実情報」パターン

①Vチップ解説文

Vチップ（バイオレンスチップ）とは、テレビ受像器に組み込み、暴力や性描写のある番組を過激度別にランク付けし、親が子供に見せたくない番組を選択できる装置。

（1）Vチップは……

①子供に影響力があると思われる深刻な暴力シーン、性的シーンを親の判断でテレビから完全にシャットアウトすることが可能である。親が暗証番号を使って、見せたくない番組をチェックしておくとその番組の放送時間になれば画面が真っ暗になる仕組みである。
②現在わが国のテレビフィクション番組のうち全時間帯で80％の番組に何らかの暴力表現があり、37％の番組に何らかの性描写がある。これらは年々増加傾向にある。（慶応大学メディアコミュニケーション研究所調べ　1998年）
③米国では放送局側が自主的に始めたことであるが、日本では近年の多チャンネル化で視聴率競争を強め、エスカレートしていく傾向にある性的表現の防止として行政側からの指導で導入される。
④米国で1996年２月に電気通信法が議会を通過し、2000年１月１日までに13インチ以上のすべてのテレビにVチップ内臓が義務付けられることになっている。
⑤過去40年間、約3500にのぼる米国の研究事例により、メディアや心理学の専門家の間で「暴力シーンは、暴力傾向の強い子供にその傾向を強める影響を与える」との認識が背景にあり導入された。
⑥番組を見せるかどうかは最終的に親が決めることであり、親の判断が重要となる。米国では、番組が始まる前のCMごとに（親同伴が望ましいとの表示）を示し、親がテレビ番組について真剣に考えるように促している。

②少年法改正解説文

少年法には、いくつかの改正すべき点があるといわれている。その論点には少年審判の公開、刑事罰適用年齢の引き下げ、少年審判への検察官の出席（現行では弁護士のみ出席）などがあげられている。

（2）現行少年法の問題点は……

①検察官は審判に出席できないことから、担当裁判官は一人で検察官・裁判官の二役をこなさなければならない。このような制約の中で事の真実を見抜くことは困難であると指摘されている。
②少年の身柄を拘束して審判を行えるのは最長でも４週間とされ、重大犯罪の場合など現行４週間以内に事件の真実を発見することは難しいとされている。
③16歳以上で刑事裁判にかけられた場合でも、犯行時18歳未満の少年に対しては、死刑は科さないことになっている。これは、厳罰主義で臨む諸外国と比べて少年に甘いという意見がある。
④平成10年警察白書によると、昨年１年間に起きた少年による凶悪事件は約2900件と前年に比べ37％増え、刑事罰を科すことができない14・15歳の凶悪事件は48％の増加を示している。
⑤事件の記録や証拠物も家庭裁判所の許可がなければ閲覧できず、少年に殺害された被害者の家族であっても、どのような理由でどのような処分をくだされたのかまったく明らかにされない。
⑥少年審判を公開していないため、犯罪の背景にある社会的問題に対する国民の関心を高めることができないという指摘がある。

③サッカーくじ解説文

サッカーくじとは、Jリーグ13試合の勝敗を予想して、１口100円の投票券を買い、すべての試合が当たれば配当金が配当されるシステム。コンビニや銀行・証券会社、ガソリンスタンドが販売場所として想定され、19歳以下への販売は禁止される。収益はスポーツ振興事業・施設整備にあてられ文部省が管轄となる。

（3）サッカーくじでは……

①収益金を国民一人当たりの芝生グランドの面積でドイツの１/６、スポーツクラブ人口は約3/10と先進国中で低い値を示す運動面での環境整備を１つの目的としている。
②収益金を先進国の中でも低いレベルにあるとされる国民の基礎体力の向上を目指したスポーツ医科学の研究費にあてることを１つの目標にしている。
③収益金を2002年に日韓で共同開催されるサッカーW杯の準備資金として関連施設の建設費用にあてることにしている。
④くじの実施が青少年に悪影響を与えたり、公益に反すると判断された場合、文部大臣はくじの実施の停止を命じることができる。
⑤選手・監督・審判などが不正を行ったとみなされる場合、文部省令で関係者を処分し、Jリーグ界から登録を抹消することができる。
⑥1998年５月８日衆院文教委員会で可決された法案では、収益金の詳細な分配策が決まっておらず、収益の利用面で不明確な点が多い。

④クローン人間解説文

クローンとは、成長した生物の体細胞の核を用いてつくられた同じ遺伝情報をもつ生物のことをいう。この技術は、原理的にヒトにも応用できることから、現在、倫理的・社会的に大きな問題となっている。

（4）クローン人間の誕生について……

①スコットランドのエディンバラ郊外にある、ロスリン研究所のウィルムット博士らは「次期ターゲットは動物に人の臓器を作らせることだ」と明言し、実際ブタに人の心臓の遺伝子を組み込む研究がなされている。
②1998年１月には、米国の科学者リチャード・シード氏が、公共ラジオ（NPR）で、不妊に悩むカップルのために「クローン・ベビー・クリニック」を作りたいと述べ、世界中の話題をさらった。
③1997年５月９日に日本で開かれた、科学技術会議のライフサイエンス部会・ライフサイエンス基本計画分科会において配付された資料には、優れた性（知的・運動能力）を持つ個体の誕生が挙げられている。
④クローン技術でできた臓器により、拒否反応のない移植が可能となるが、肉体的スペアパーツとしてクローン人間を誕生させることは、生命倫理に大きく反するとして、米国はこの分野に対する研究助成金をストップした。
⑤手塚治虫が1980年に発表した「火の鳥・生命編」の中の未来世界では、ほんの些細な肉体的欠陥を持つクローン人間を多数誕生させ、法的には「人間でないもの」として、ハンティングの対象とする番組が放映されている。
⑥クローン人間は基となる細胞核の遺伝的性質を100％受け取り、細胞核を提供した人間の事実上コピーとなる。

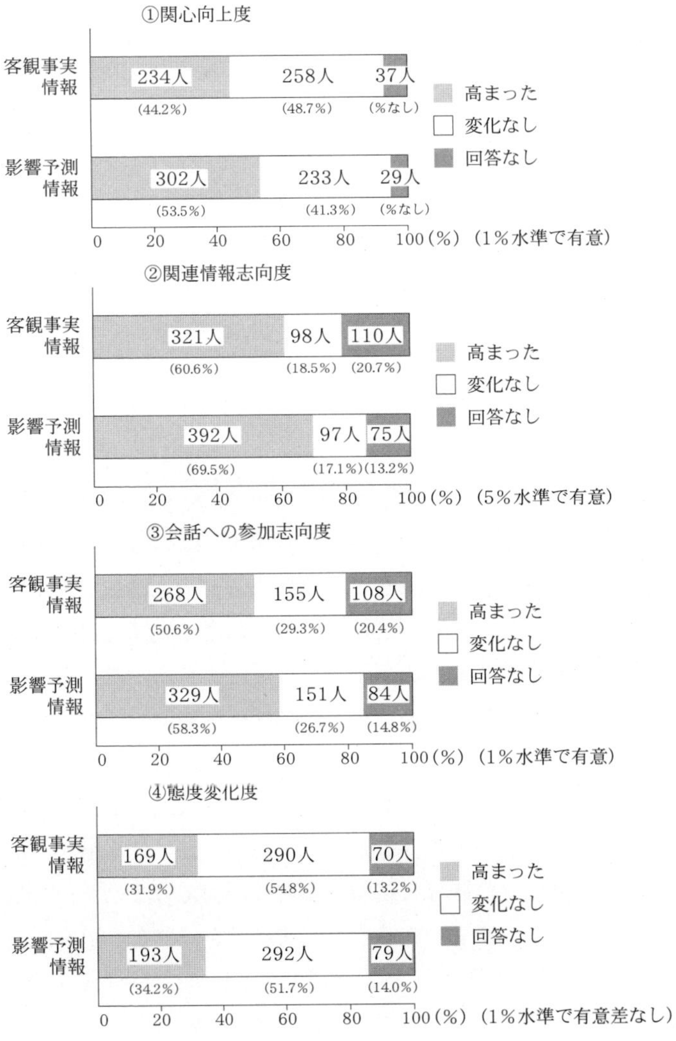
①関心向上度
客観事実情報
234人
(44.2%)
258人
(48.7%)
37人
(%なし)
影響予測情報
302人
(53.5%)
233人
(41.3%)
29人
(%なし)
高まった
変化なし
回答なし
0
20
40
60
80
100(%)
(1%水準で有意)
②関連情報志向度
客観事実情報
321人
(60.6%)
98人
(18.5%)
110人
(20.7%)
影響予測情報
392人
(69.5%)
97人
(17.1%)
75人
(13.2%)
高まった
変化なし
回答なし
0
20
40
60
80
100(%)
(5%水準で有意)
③会話への参加志向度
客観事実情報
268人
(50.6%)
155人
(29.3%)
108人
(20.4%)
影響予測情報
329人
(58.3%)
151人
(26.7%)
84人
(14.8%)
高まった
変化なし
回答なし
0
20
40
60
80
100(%)
(1%水準で有意)
④態度変化度
客観事実情報
169人
(31.9%)
290人
(54.8%)
70人
(13.2%)
影響予測情報
193人
(34.2%)
292人
(51.7%)
79人
(14.0%)
高まった
変化なし
回答なし
0
20
40
60
80
100(%)
(1%水準で有意差なし)

図4–5　情報パターンによる意識格差

また、これらの調査より前に行った調査では、熟慮誘発の測定基準を、①読後記憶の正しさ、②当初の関心順位への確信度変化、という点に設定し測定を試みています。認知心理学では、処理の深さが記憶のレベルを高めるとされています（処理水準説）。この指摘から、熟慮が誘発されれば当然情報内容の記憶率も高まるであろうし、当初の議題設定優先順位への確信も変化する、つまり、自省率も高くなるであろうと考えたものです。調査の手順は先のものと同じですが、測定基準だけが異なります。争点は1995年6月当時、実際に新聞でよく報道されていた5つの争点で、調査対象はやはり筆者が教えていた私立大学の文系学部の1年生から4年生です。まず、当初関心順位が5番目の争点について、どちらか一方の情報パターンで新聞記事のように編集された活字情報を読んでもらいました。影響予測情報では462名が、客観事実情報では466名が参加してくれています。低位に設定させる争点は、首都機能移転で全体の7割近くを占めていましたが、この結果がいわゆる議題設定機能を反映しているか否かは本調査のテーマではありません。ここでのテーマは、与えられた情報の記憶と当初の議題優先順位への確信度変化です。付与された各記事内容は表4–2で示され、同じテーマの記事が左右対称に掲示されています。Aパターン情報は、影響予測情報で読者への利害を説明する部分に視点を置いて書かれた記事です。Bパターン情報は、客観事実情報で読者への利害ではなく一次的にはあくまでもテーマにまつわる事実情報だけを記載する記事です。また、この実験室的調査では、①の記憶が正しかった人だけに限って、②当初の関心順位への確信度の変化を聞いています。記憶の正しさは表4–3で示される確認表でチェックしています。選択肢の中の誤りは、名称や数値といった細かい点ではなく、記事内容の中心的な主題についてのものです。測定の結果は図4–6の通りです。記憶率でも、当初の議題設定順位への自信（確信度）変化率でも影響予測情報の方が高い数値が示されています（いずれも５％水準で有意）。読者がそれだけ当初低位の争点テーマについて熟慮を誘発され、それを試みた程度の違いと読むこともできるのではないでしょうか。

最後にもう１つ、今後、熟慮誘発機能への考察を深めていく上で参考となる調査結果を掲げます。この調査は、影響予測情報と客観事実情報間における「関心喚起性」と「説明のわかりやすさ」の関係を考察しようとしたものです。記事内容が「わかりやすい」ということは、質的議題設定や熟慮誘発機能に繋がる必要要件ですが、必要十分要件ではないことを検証しようとしたものです。つまり、記事・ニュースの「わかりやすさ」は、報道の熟慮誘発機能の重要なポイントですが、それだけでは十分ではないということです。

ただし、この調査は、情報の熟慮誘発機能そのものの検証を試みたものではないので、「影響予測型情報」を構成するメリット・デメリットの分量が半々ではなく、争点によって両者の割合が異なる形となっています（表4–4）。また、付与される情報は活字情報ではなく、スタジオでキャスターがフリップを使って解説する様子をVTRに録画しそれを再生して見てもらう方法、つまり、受動的な情報摂取がしやすい状況を想定してあります。先の２つの調査が、活字メディアを想定しているのに対し、この調査では映像メディアを想定しています。調査に使用された争点は調査実施時期の1997年７月から９月にかけて、実際にマス・メディアに登場していたものです。被験者は、やはり筆者が勤務する大学の文学部の学生で、比較的馴染みやすいと思われる４争点を選んで提示しました。どの争点がどの被験者に当たるかは、争点資料が配られるまでわからない状態です。「影響予測型情報」と「客観事実型情報」という各情報特性の説明も事前になされていません。４争点に各250名（延べ1000名）が割り当てられ、同一争点に対する「影響予測型情報」と「客観事実型情報」を視聴していますが、複数の争点情報を視聴し重複して被験者となった学生も含まれます。各視聴グループに提示された映像フリップとナレーション原稿は表4–5に示しました。

調査手法（図4–7）と各争点での調査結果（図4–8）は以下の通りです。①関心喚起性では、影響予測型情報の方が有意に喚起力をもつことが示されています（５％水準）。特に「事前関心」があった人の方が影響予測型情報に敏感であることも示されています（５％水準）。「事前関心」がない人の間でも、影響予測型の方が数値は高くなっていますが、その有意差は同水準では検定されませんでした。問題は②の「説明のわかりやすさ」における両情報パターン間での有意性です。つまり、両者間で視聴後の「わかりやすさ」の感じ方に違いはあるのかということです。結果では、「影響予測型情報」と「客観事実型情報」間で「わかりやすい」と感じる人の割合に有意差はありませんでした。当該争点に「事前関心ある人」「ない人」で分けても、有意差は検定されていません。つまり、記事・ニュース内容を「わかりやすい」と感じることと「関心が喚起される」ことは、必ずしも同じではない可能性があるということです。この調査結果からそれ以上のことは指摘できないのですが、同じことが熟慮誘発機能の際にも言えるかもしれません。もちろん、熟慮誘発には、記事・ニュースの「わかりやすさ」が求められますが、逆に、「わかりやすい」だけでは、熟慮誘発がなされるものではない可能性をこの調査結果は示しています。

次章では、影響予測情報と客観事実情報との対比をより明確にし、パネル調査の手法を用いて時間経過後の後続効果の差を測定することにします。このことによって、質的議題設定が先行学習機能となり熟慮誘発に繋がる可能性をさらに検討したいと思います。

表4-2

＜①PKO（国連平和維持活動）への自衛隊派遣を継続する＞Aパターン

自衛隊のザイールでの活動に賛否両論

カンボジア、モザンビークに続く自衛隊海外派遣第三段として、九月十九日よりゴマ市を中心として四七〇名ほどの自衛隊員がＰＫＯ活動を開始した。しかし、今回の海外派遣は前回までと違い、自衛隊を守ってくれる他国の軍隊は撤退しており、安全を危惧する声も高まっている。

自衛隊の活動の中心となるゴマ市周辺では、給与未払いで生活苦のザイール兵と見られる武装集団の強盗事件が相次いでいる。また八月二十四日には、略奪行為をしていた旧政府派民兵集団がフランス軍と三晩にわたって武力衝突をしていた事実も確認されている。現地自衛隊員への危険性がこれまでのカンボジア・モザンビークでのＰＫＯ活動に比べ、非常に高くなっている。

さらに今回の海外派遣では、四六億二千万円の費用がかかっている。これはホームヘルパー（年額約三二〇万円）を約一四四〇人ほど雇うことができ、老人ホーム（約五〇人規模）二九〇軒分の建設費用に相当し、また、約七五〇〇人ほどの老人医療費（一人当たり年間約六一万円）に換算可能である。

しかし、常任理事国入りをにらむわが国としては、ＯＤＡ（政府開発援助・一九九二年度一兆七一二七億円）の使用目的に対する監査権の強化、朝鮮民主主義人民共和国の核問題への政治的参加、北方領土問題解決のための会談設置という利益を喪失させないためにも、今ここで自衛隊海外派遣を止めるわけにはいかないというのが実状である。

＜①PKO（国連平和維持活動）への自衛隊派遣を継続する＞Bパターン

自衛隊ザイール周辺でPKO活動

虐殺事件から半年、大量に出た難民を救うため、九月中旬自衛隊はルワンダ入りした。混乱冷めやらぬ状況の中、三ヶ月の航海を無事終えられるかどうか、自衛隊のPKO派遣への議論が続いている。

去る九月十九日より、自衛隊四七〇名ほどがルワンダ周辺でPKO活動活動を開始した。今回自衛隊の活動の中心となるゴマ市では、現在約八〇万人の難民がおり、一日に約三〇〇人ほどの死亡者が出ている。

すでにフランス軍は八月二十九日より段階的撤退を開始しており、もはやゴマ市周辺で治安維持が可能な組織は自衛隊のみであり、現地ではフランス軍と同じだけの役割を果たしてくれるものと期待されている。

今回の自衛隊派遣では、携行武器として短銃・小銃のほか、初めて軽機関銃一丁が認められた。治安上の不安が残る中への派遣ということで特別の処置といえる。

実際、現地ザイールでは給与未払いで生活苦のザイール兵と見られる武装集団の強盗事件が相次いでおり、また、八月二十四日には略奪行為をしていた旧政府派民兵集団がフランス軍と三晩にわたって武力衝突をしていた事実も確認されている。

フランス軍部隊の幹部はこのような事件を抑止するためにも、重武装の必要性を強硬に主張しており、軽機関銃一丁でどこまでの効果があるかは目下判断しかねる状況であるといえる。

＜②東京の首都機能を移転する＞Aパターン

首都機能移転で地価格差是正「日本の歪んだ都市構造を改革」

二十日、首都機能移転審議会は、首都機能を関西地方の西部地域に移転、その時期を二一世紀初頭から二〇年をめどに徐々に実行すべきであるという報告書をまとめ、国会の委員会に提出した。この報告によると、この首都移転によって、日本の都市構造の歪みを正常に近づけることが可能であるとしている。

同報告書では、東京と地方ですでに二〜三倍もの格差に広がっている住宅地価も、移転完了後二〇年程度で他大都市圏とほぼ同じ水準まで下げられるとしている。

また、東京都心と新都心の二方から地方への十兆円規模の大きな経済効果を生み、住宅関連や耐久消費財を中心に旺盛な需要を喚起し、地方と東京間の、現在約二倍ある平均所得格差も一・二倍程度にまで是正されることが期待できるとしている。

さらに、首都機能移転により、首都圏に居住する三千万人のうち、一千万人が地方に分散すると予測しており、その結果、平均的なサラリーマンも、「年収の五倍以内」で住宅を取得できることになるとしている。

しかし、移転時期や候補地域の選定においてはまだ検討の余地があるとする見方もあり、今後の動向が注目される。

<②東京の首都機能を移転する>Bパターン

首都機能移転
「二一世紀初頭より二〇年をめどに推進」

二十日、首都移転審議会は首都機能を滋賀県から三重県にかけて広がる丘陵エリアに移転させるのが適当であり、二一世紀初頭より徐々に首都機能を移すべきであるという報告書をまとめ、国会の委員会に提出した。今後は首都機能移転に関する議論の活発化が予想されるが、移転時期や候補地域の選定においてはまだ検討の余地があるという見方もあり、今後の動向が注目されている。

この報告書によると、日本の人口重心にある岐阜県各務原市付近にほど近く、全世界からアクセスも容易であるといった点から、この地方をもっとも有力な候補に上げている。首都機能移転の具体的な時期は二一世紀の初頭とし、二〇～三〇年の時間をかけて実現していくことが妥当であるとしている。

首都移転による効果として同報告書には東京の歪んだ都市構造の正常化、地方都市の振興などをあげ、二一世紀にふさわしい政府行政機能を確立するようにすべきであるとしている。さらにこの移転によって以前からの課題とされてきた所得格差などの解消にも効果があるといわれている。

これまでにもこういった遷都に関する論議は再三交わされ続けてきたが、今回のように具体的な形になったことはなかった。これについて同審議会では「各省庁や政府機関が東京を離れたがらなかったのが原因である」と今までの態度を強く批判し、今後は各省庁並びに政府機関の協力が必要であるとしている。

規制緩和で消費者へより大きな利益

細川元首相が在任当時から推し進めてきた規制緩和は、この十月に行われた金融業界の金利自由化などで消費者にとってもしだいに身近なものになりつつある。

規制緩和を積極的に行うことになると、例えば、以下のようなことが起こる。

現在、酒税法ではビール醸造は小口製造が認められていないが、規制緩和後は、各地域で特色あるビールを小規模でも作れるようになる。消費者は価格の安いいろいろな味のビールを楽しむことができ、各町の特産品として、町おこしの売り物になる。

また、政府は現在、国産の小麦保護のため、輸入小麦を完全管理し、輸入価格の二倍で各業者に払い下げている。もしこの規制が撤廃され、自由化されれば、小麦を原材料とする食パンで十%、ラーメンで一五%価格を下げることができるとされている。

すでに規制緩和がなされた分野では、小型トランシーバーの無線免許制度の緩和がある。これによってメーカー側は大量生産ができるようになり、消費者はかつて二十万円から三十万円していた小型トランシーバーを五万円から十万円程度で購入できるようになり、市場規模も一九九〇年六万台であったのが、九一年の規制緩和後は四二万台、九二年度五六万台と飛躍的なのびを示している。

しかし、その一方で、規制が雇用機会を生んできたことも見落としてきない。例えば、自動車の車検の場合、現在の自動車整備業界の年商は六兆円、就業者数は五四万人（うち自動車整備工三八万人）といわれる。もし車検が完廃されれば、この業界の年商は五分の一程度に縮小し、二〇万人の自動車整備工が職を失うことになる。

＜③各種の規制緩和策を即時実行する＞Bパターン

押し寄せる規制緩和の波

以前から先進諸国で懸案とされていた規制緩和が、ようやくここ数年になって日本でも実施されつつある。細川元首相が在任中、規制緩和問題を大きく取り上げて以来、各政権でも引き続き推進されてきた結果がようやく実ってきたといえる。

自由市場経済は政府が民間経済に介入しないシステム。しかし、経済発展が未成熟な段階においては市場の失敗、市場の不備といった事態が起こりうる。こういった事態を避けるために様々な規制が設けられてきた。しかし、先進工業国においては、規制はむしろ民間経済の活力を阻害しており、消費者の利益を顧みないものであるとの意見が強まり、日本を含む主要国では規制緩和が進められている。

すでにわが国では電気通信部門での参入規制が緩和され、新規参入が行われており、金融部門ではいわゆる金利自由化が行われた。これらの規制緩和によって、消費者はより安い価格でより多くのサービスを受けることができるようになってきたといえる。

しかし、最近の金融業界においては、金利自由化が行われたにもかかわらず、銀行間で示し合わせるカルテル（企業間協定）のようなことがあるのも事実である。

まだ、規制緩和は概して自由競争の促進を目指すものであるので、規制の下で競争の厳しさにさらされていなかった企業・業界も甘えた体質を変えなければ生き残れないことになる、ともいわれている。

なるか消費者救済・来年七月一日よりＰＬ制度施行

　六月二十二日、ついに製造物責任制度（ＰＬ法）が参院本会議において全会一致で可決された。来年七月一日より施行される。これにより、一般消費者は商品の欠陥被害から救済されやすくなる。現在では、消費者が製品被害を受けた場合、民法七〇九条に基づき、被害者は、①製造者（メーカー）の過失、②損害、③損害が製造者の過失によって生じたという因果関係、の三点を証明しないと損害賠償を受けられない。これでは被害者側の裁判での負担が大きく、救済が大変難しいとされていた。

　「製造物責任制度（ＰＬ制度）」が導入されると、製造者（メーカー）側の故意・過失を立証しなくても、消費者は欠陥が証明できれば損害賠償を受けられることになる。

　これに対して、産業側・経営者側は、製造物責任制度が導入されると、①米国のようにＰＬ訴訟が増えて企業の新製品開発意欲が衰えて、産業活動が停滞する。②特に、経営基礎の弱い中小の製造業者（メーカー）が倒産することが多くなる、として、強く反対している。

　米国ではすでにＰＬ法が導入されており、一九九三年四月、サンディエゴ地裁は、昭和電工に対し、同社の健康食品によって、健康被害を受けた女性に一億円の賠償金を支払うよう命ずる評決を出している。同社はすでに八九年から九二年末までに、この種の訴訟事件に関わる和解金、法定費用として八百億円を支払ったとされる。

　なお、日本でも近年図のような被害内容で、製造物責任訴訟が行われているが、いずれの場合でも、被害者である消費者側が製造者の過失によって損害が請じたという因果関係が立証できず、製造者側の勝訴に終わっている。いわば、消費者は泣き寝入りの状態となっていた。

＜④製造物責任法（PL法）を強化する＞Bパターン

ＰＬ制度可決・来年七月一日より施行

首相の諮問機関、国民生活審議会（会長・加藤一郎成城学園学園長）は一九九三年一二月、製造物責任制度（ＰＬ制度）の導入を答申。これにより政府はＰＬ制度の立法化に向けて準備に入り、九四年に国会に法案を提出した。この後の紆余曲折の結果、六月二二日参院にて全会一致で可決、来年七月一日より施行される運びとなった。

ＰＬ制度とは、欠陥商品によって、消費者が被害を受けた場合、製造者の故意・過失を立証しなくても、欠陥が証明できれば、損害賠償が受けられる制度である。家電製品や自動車、薬、食品などの製品が対象になる。

米国では六〇年代に各州で普及し、欧州では八五年に欧州共同体（ＥＣ）が指令を出し、イギリスやドイツなどで法律ができた。このほか、ブラジルやフィリピンでも制定されている。

日本では七五年から、国民生活審議会で、消費者被害防止と救済のありかたを検討してきた。この間、消費者団体や日本弁護士連合会などは、立法化を強く求めてきた。

九二年十一月、最終答申を出すはずだった国生審は、ＰＬ制度導入の結論を見送った。産業界の抵抗と、通産省や厚生省、農林水産省、経済企画庁など各省庁間の調整不足が原因である。だが、九四年六月末に参院を通過、来年七月一日より施行されることとなった。

しかし、①メーカー側が自社製品の欠陥がないことを証明できない場合でも、メーカー側に責任を問えない。②製品出荷時では予測できなかった、とメーカー側が免責を主張することが認められる、などの点で消費者側に不利である。これについては、裁判官の判断に任せられている。

薬づけ世界ナンバーワンわが国の国民医療

抜本的医療改革の必要性

厚生省は3日、本年度のわが国の国民医療費合計（国民の年間の治療代として病院等の治療期間に支払われた金額の合計）を合計約二三兆円と発表した。そのうち「薬品代」が八兆円、「検査費用」が一兆円とされている。「薬品代」があまりにも多すぎると指導されるわが国の医療制度、抜本的な改革が必要とされている。

一九九二年度における国民医療費約二三兆円。諸外国における国民医療費に占める薬品代の比率は五～十％。わが国も、この水準に医療費を移行させることができるならば、せいぜい、一～二兆円で足りることになる。しかし、わが国では約四十％が「薬品代」に当てられている。この数字は世界の薬品消費額のうち二五％を日本人が消費していることを示し、欧米の水準に比べ、高い割合になっている。

その反面、わが国の看護士、介護士等の医療従事者の数は、諸外国に比べ極端に少ない。「不必要」な薬品に費やされている六～七兆円を医療従事者の雇用に振り向けることができれば、労働費用を年間一人当たり五百万円とした場合、一二〇～一四〇万人程度の医療従事者の雇用創出効果が期待できることになる。こうした措置により、医療の質は明らかに向上する。薬づけ中心の現在の医療制度改革は、高齢化社会を迎えて急務といえよう。

＜⑤医療制度改革を行う＞Bパターン

医療制度改革急務わが国の国民医療

高額化する薬品代

厚生省は3日、一九九二年度のわが国の国民医療費の合計を約二三兆円と発表した。今後わが国の高齢化が進むのに伴い、国民医療費の増額も不可避と予想され、薬品代の比率低下など、医療制度改革は急務とされている。

国民医療費とは、医療機関などの治療に要した医療費の毎年度の推計額である。正常分娩、差額ベッド、歯科差額分、薬局で処方箋なしに購入した医薬品などは含まれていない。一九九二年度の国民医療費の合計は約二三兆円であり、国民一人当たり六四歳以下の一般診療費では約一九万円、年齢階級別にみると六五歳以上は約五五万円となっている。

国民医療費の主な財源は、健康保険、各健康保険組合などの医療保険である。一般被用者についての収支は昭和五六年度より黒字が続いており、現在その差額を六五歳以上の高齢者への年金等に転換しようという議論が起こっている。

わが国の医療費が高い原因として、諸外国に比べ「薬品代」のウエイトが大きすぎることが指摘される。

これは、①製薬会社の莫大な開発費用、②薬市場での競争原理の低さ、③病院の利益優先、④患者の薬信仰、⑤医療器具の高額化等が原因となっている。

表 4-3　記憶の正確さの確認表

《影響予測情報パターン》	《客観事実情報パターン》
1.　PKO（国連平和維持活動）への自衛隊派遣を継続すると、	**1.　PKO（国連平和維持活動）への自衛隊派遣継続について**
①活動の中心となるゴマ市周辺での現地自衛隊員の危険性はこれまでとあまり変わらない。	①今回自衛隊の活動の中心となるゴマ市では死亡者は出ていない。
②今回の海外派遣では、多くのホームヘルパーの雇用や老人ホーム建設が可能な巨額な費用がかかっている。	②自衛隊はゴマ市周辺で治安維持が可能な組織として期待されている。
③自衛隊PKO派遣の継続の是非は、わが国の常任理事国入りには影響しないと政府は考えている。	③今回の自衛隊派遣では、携行武器として短銃・小銃のほか、一切の軽機関銃の携帯が認められていない。
2.　東京の首都機能を移転すると、	**2.　東京の首都機能の移転について**
①首都移転審議会の報告書では、東京と地方との間の住宅地価の是正は困難としている。	①衆参両議院に「国会の移転に関する特別委員会」が設置されたが、議員立法による「国会移転法」は廃案となった。
②同報告書では、東京都心と新都心の2地域から地方への大きな経済効果を生み、現在の東京と地方との平均所得格差もかなり是正されるとしている。	②首都移転特別委員会の報告書によると、首都機能移転の具体的な時期は21世紀の初頭とし、長い期間をかけて実現していくことが妥当であるとしている。
③同報告書では、首都圏からの人口の地方分散効果はあまり期待できないと予測している。	③これまでにも遷都に関する論議は行われ続けてきたが、大企業が東京を離れることに強く反対したため実現しなかった。
3.　各種の規制緩和策を実行すると、	**3.　各種の規制緩和策の実施について**
①今回の規制緩和案では、各地域で特色あるビールなどのアルコール類の製造は認められていない。	①規制は、民間経済活動の過当競争を抑制し、結局は消費者の利益を守る作用を持つという認識があることも事実である。
②政府は現在、国産の小麦保護のため輸入小麦を完全管理し、輸入価格より高い価格で各業者に払い下げている。	②すでにわが国では電気通信部門での参入規制が緩和され、新規参入が行われており、金融部門ではいわゆる金融自由化が行われた。しかし、金利自由化が行われたにもかかわらず、銀行間で示し合わせるカルテル（企業間協定）のようなことがまだ温存されているのも事実である。

③すでに規制緩和がなされた分野では、小型トランシーバーの無線免許制度の緩和がある。しかし、市場規模が特に拡大したということはない。 ④もし車検が完廃されれば、自動車整備業界規模は縮小し、かなりの自動車整備工が職を失うことになる。	③細川内閣は規制緩和の検討項目として上がっていた、タクシー料金の弾力化、地ビール製造の解禁などは、実施が難しいとして、検討を見送った。 ④村山内閣は「規制緩和推進5カ年計画」を閣議決定した。具体的緩和項目は、パスポートの期限の延長、ガソリンスタンド建設の指定地区制度を解禁、車検の6ヶ月点検義務制度の廃止、コメ販売業者の許可制を登録制に移行、国内の同一航空路線の複数運行の許可などである。
4. 製造物責任法（PL法）を強化すると、 ①PL法導入後は、消費者側は製造者（メーカー）側の故意・過失を立証すれば、損害賠償を受けられることになる。 ②PL法導入後は、(1) 米国のようにPL訴訟増加により企業の新製品開発意欲を削ぎ、産業活動が停滞する。(2) 経営基礎の弱い中小の製造業者（メーカー）が倒産することが多くなる、という理由で反対する経営者も多い。 ③PL法が導入されているアメリカでは、巨額な賠償金の支払いがなされているが、日本ではPL法導入後も、このような事例が起こることは少ないと予想されている。 ④日本ではほとんどの製造物責任訴訟で、製造者側が勝訴している。	**4. 製造物責任法（PL法）の強化について** ①これまでにも、「製品出荷時では予測できなかった」とメーカー側が免責を主張することは、わが国では認められていなかった。 ②欠陥商品によって消費者が被害を受けた場合、損害賠償が受けられるのは、家電製品や自動車、薬、食品などの製品である。 ③わが国では国民生活審議会で消費者被害防止と救済のありかたを検討してきた。この間、消費者団体や日本弁護士連合会などは、立法化を強く求めてきた。 ④これまで、最終答申を出すはずだった国生審がPL制度導入の結論を見送った原因は、産業界の抵抗と、通産や厚生、農林水産、経済企画庁など各省庁間の調整不足が原因である。
5. 医療制度改革を行うと、 ①わが国の薬品の品質について、より厳しい安全基準と品質検査が要求されている。 ②諸外国における国民医療費に占める薬品代の比率は、わが国の水準と比べると、かなり低い比率である。 ③医師への報酬を徐々に削減することで、かなりの看護婦等の雇用創出が期待できることになる。	**5. 医療制度改革について** ①わが国の国民1人あたりの医療費は64歳以下の人と65歳以上の人ではかなりの差が生じている。 ②わが国の国民医療費の中に占める薬代の金額は、諸外国に比べウエイトが大きすぎることが指摘される。 ③わが国の医療費が高い原因として、(1) 医師優遇税制の存在、(2) 患者の薬信仰、(3) 医療器具の高額化等が指摘されている。

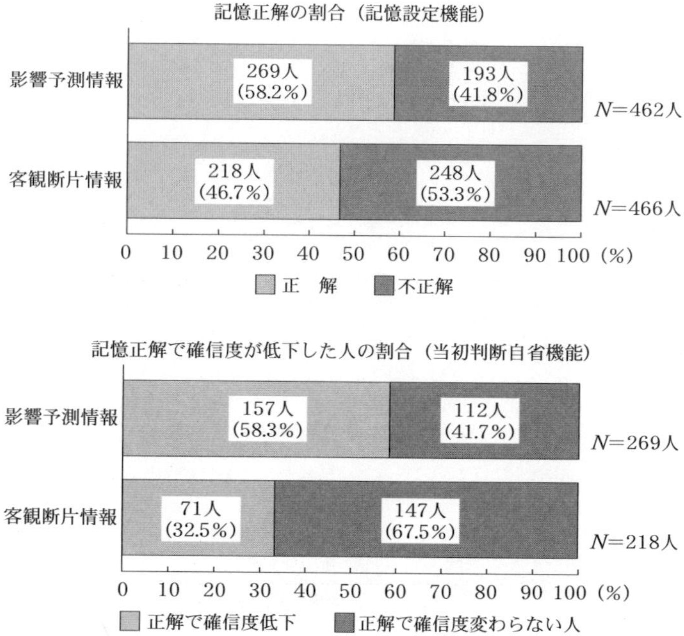
記憶正解の割合（記憶設定機能）
影響予測情報
269人 (58.2%)
193人 (41.8%)
N=462人
客観断片情報
218人 (46.7%)
248人 (53.3%)
N=466人
0 10 20 30 40 50 60 70 80 90 100 (%)
正　解
不正解
記憶正解で確信度が低下した人の割合（当初判断自省機能）
影響予測情報
157人 (58.3%)
112人 (41.7%)
N=269人
客観断片情報
71人 (32.5%)
147人 (67.5%)
N=218人
0 10 20 30 40 50 60 70 80 90 100 (%)
正解で確信度低下
正解で確信度変わらない人

図4–6

表4-4　各情報パターンで構成された映像のポイント

影響予測情報（原因→結果）：Aパターン
1．ゴミの有料化について ①有料化によって→ゴミと処理費用はどうなるか（メリット） ②有料化によって→新聞紙用の樹木がどれだけ救えるか（メリット） ③リサイクル向上によって→アルミ缶製造時の電力量はどうなるか（メリット） 2．原子力発電について ①原発での発電をすべて止めると→停電世帯はどうなるか（デメリット） ②原発利用によって→エネルギーの自給自足性はどうなるか（メリット） ③原発沿岸の水質汚染によって→海産物魚介類の安全性はどうなるか（デメリット） ④1基でも重大事故が発生すれば→死傷者はどうなるか（デメリット） 3．スクール・カウンセラー制度について ①スクール・カウンセラーの立場から→不登校児への個人的対応は（メリット） ②スクール・カウンセラーの立場から→不登校児への原因把握の視点は（メリット） ③スクール・カウンセラーの待遇が現状のままだと→質と効果は（デメリット） ④全国の公立校にカウンセラー制度を導入すると→費用負担額は（デメリット） 4．情報公開法について ①もし情報公開法が成立すると→官官接待のような問題は（メリット） ②もし情報公開法が成立すると→原発もんじゅ事故のような問題は（メリット） ③もし情報公開法が成立すると→薬害エイズのような問題は（メリット） ④もし情報公開法が成立すると→住専処理のような問題は（メリット）
客観事実情報（断片的構成）：Bパターン
1．ゴミの有料化について ①ゴミ排出量の増減について ②ゴミ処理費用の増減について ③ゴミ総量に対する埋め立て量の割合について ④アルミ缶のリサイクル率の上昇度について 2．原子力発電について ①日本での原発稼働実態と全電力内の割合について ②原発の資源リサイクルシステムについて ③原発沿岸水域での温排水の実態について ④続発するトラブル実態について 3．スクール・カウンセラー制度について ①現在の制度導入校数について ②現在の臨床心理士数について ③現在の心理士の勤務形態について ④スクール・カウンセラーの資格について 4．情報公開法について ①公開手続きについて ②公開義務付け情報について ③公開できない情報について

表4-5

各争点フリップ

ゴミ有料化　解説文

（Aパターン：影響予測報道）

ゴミが有料化されると……,

①：ごみ回収の有料化によって，アメリカのシアトルでは25%，日本の岐阜県高山市では30%のごみの総量減量に成功したという実績があります．94年当時の計算では，もし全国で仮に有料化により10%のゴミ減量に成功したとすれば，全国で約2500億円の地方自治体の廃棄物処理事業費の節約が期待できることになります．これによって，建設費用平均50億円と言われる市立病院が毎年50戸程度新しく建設が可能となります．

フリップゴミA－①

・シアトル市→ゴミ有料化→25%のゴミ総量減量化
・高山市→ゴミ有料化→30%のゴミ総量減量化
・全国でゴミ有料化→もし10%ゴミ総量減量化→2500億円分の費用削減
・2500億円の費用削減→基礎建設費平均50億円の公立病院が50戸建設可能

②：現在，1年間で地球上の約1/3の酸素を供給しているアマゾンの原生林が，日本の樹木の半分程度に相当する分が喪失しています．このような状況下で，新聞を例にすると，通常の新聞紙5カ月の回収ではパルプの原料になる木1本が伐採されることなく節約できます．この計算で，日本の全新聞紙の50%を回収し，再生紙として使用できることになると年間1200万本が節約できます．これによって，樹木に地球温暖化の原因になっている二酸化炭素を吸収させ，さらに，日本人の年間酸素必要量の1/50の酸素供給量の確保ができることになります．

フリップゴミA―②

・新聞5ヶ月分のリサイクル→木1本のパルプ節約
・50%の新聞紙リサイクル→パルプ材料1200万本が節約
・パルプ材料1200万本→日本人が必要な1/50の酸素供給量の確保

③：アルミ缶の場合，通常の製法でアルミ缶1本作ると，平均的4人家族の1週間の洗濯と同じだけの電力を消費しますが，リサイクルによって同じアルミ缶を再生するときは，その3%分の電力で作ることができます．さらに，7万トンのアルミ缶を再利用することによって100万世帯（日本の全世帯数4900万）の1年分の電力を節約できます．

フリップゴミA―③

・350 mlアルミ缶の製作→4人家族の1週間分の洗濯電力量
・リサイクルで350 mlアルミ缶の再生→上の消費電力の3%
・1年で消費されるアルミ缶7万tリサイクル→100万世帯1年間の電力消費を節約

ごみ有料化　解説文

（Ｂパターン：客観断片情報）

ゴミの有料化の現状は………,

①：大都市部では，処分場の処理能力が限界に近づいています．87 年から 91 年はゴミの排出量は増加し続け，近年は増加は止まっていますが，依然として高い水準です．同時に，業者による不法投棄や，燃やしたり埋めたりして自然の状態に還元できない非再生ゴミが全体の 15％を占めるまでに至っています．

フリップ：ゴミ有料化Ｂ—①

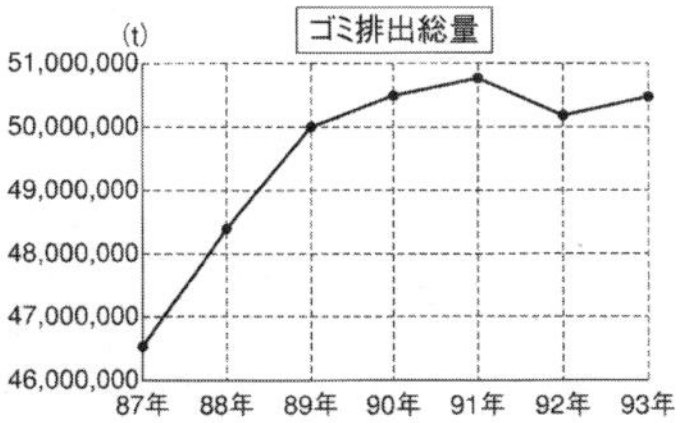

②：ゴミの増加に比例して，このグラフにあるようにゴミ処分にかかる費用が増加しています．87 年と 92 年を比較すると，全国で 1 兆 5 千億円から 2 兆 3 千億円へと 1.5 倍になっています．人口 1200 万人の東京都の予算が 7 兆円であることを考えるととても大きな金額であることがわかります．これは私たちが納めている税金の多くがゴミ処理という消費生活の後始末に使われていることなのです．

フリップ：ゴミ有料化Ｂ—②

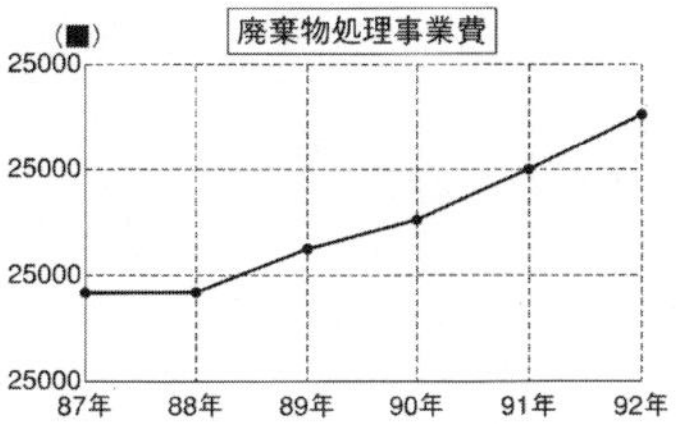

③：現在，多くの自治体で分別収集を行い，リサイクルできるもの，すなわち，資源ゴミを回収しています．主として，古紙や缶が回収されていて，このグラフのように 87 年と 93 年では，古紙で 1.1 倍，アルミ缶・スチール缶で 1.5 倍というようにリサイクル率が上昇していますが一層の努力が必要です．

フリップ：ゴミ有料化Ｂ—③

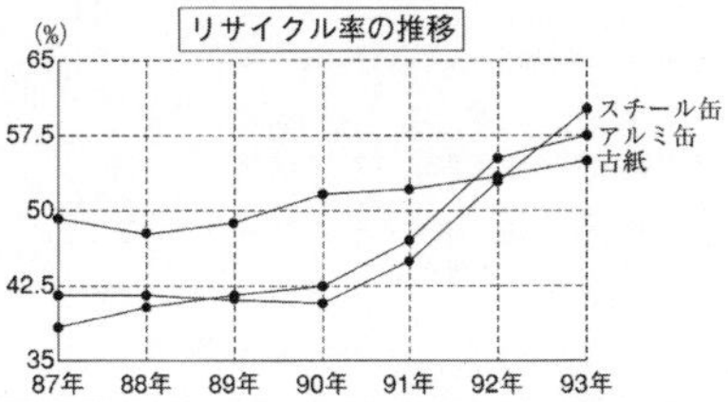

原子力発電　解説文

（Aパターン：影響予測情報）

原子力発電の廃止・継続がもたらす影響は…………，

①廃止をしても……

現在の電力供給は十分に行えるとの声があります．しかし，夏場のように大量に電力を消費する際にも安定した電力供給をはかることや，情報化の進展などに伴い電力消費が将来増えることを考えると，原子力発電は必要になってきます．もしも，現在，日本での原子力での発電は総電力量の3割以上を占め，年々そのシェアが増えているすべての原発の運転を止めてしまったとしたら，日本の1/6の世帯は停電になってしまうでしょう．

フリップ原発A—①

1994年度発電電力量の割合

火力発電　60.2%

原子力発電　31.6%→廃止→少なくとも1/6世帯が停電

水力発電　8.2%

②継続すると………，

今まで出来なかったエネルギーの自足，さらに半永久的な利用が可能になります．従来からエネルギー源としてきた石油，石炭，天然ガスなどの天然資源は，このままでいくと数十年から数百年しか利用ができないとの予測がされています．原子力も再利用せずに使い続けていけば70年余りしか利用は出来ませんが，再利用すれば半永久的な利用が可能になるといえます．また，日本はエネルギーのほとんどを外国からの輸入に頼っていることから，再利用をはかっていくことでエネルギーの国内での自足の可能になるといえるでしょう．

フリップ原発A—②

世界のエネルギー資源確認可採埋蔵量		
石油	9,991億バーレル	46年
石炭	1兆392億トン	219年
天然ガス	142兆m²	65年
ウラン	208万トン（注）	43年

（注）1．旧ソ連，東欧，中国等のウラン資源埋蔵量については不詳であるため含んでいない．

2．使用済み燃料の再処理により取り出したプルトニウムなどを再び燃料として使用すれば，ウラン資源の利用効率は数倍から数十倍になる．

資料：Oil & Gas Journal，世界エネルギー会議，OECD/NEA，IAEA 等より

③継続すると………,

原発の沿岸水域の水質汚染により，放射能の取り込まれた魚介類が私達の食卓に上る可能性があります．原子炉のタービンを回すための蒸気を冷やすために使われる海水は，何の処理もされずに元の水域に戻されています．ある原発の付近の水域で，放射能汚染の調査を行ったところ，海底砂泥からは調査したすべての地点で放射性物質が検出され，またいくつかの地点ではホッキガイなどからも放射性物質が検出されました．このように，放射能の含まれた排水によって，豊かな漁場が汚染されることが懸念されます．放射能を取り込んだ魚介類が私たちの食卓に上ることもあるかもしれません．

フリップ原発A―③

調査地点		① 南放水口より約800m	② 北放水口より約200m	③ 北放水口より約700m	④ 北放水口より約500m
採取年月日		1978. 8.8	1978. 8.8	1978. 8.8	1979. 7.
試料	海底砂泥	○	○	○	○
	マンクソ	○			
	ホッキガイ	○			○

○はコバルト60，マンガン54が検出されたことを示す．

福島第一原発周辺の海洋生物の放射能汚染

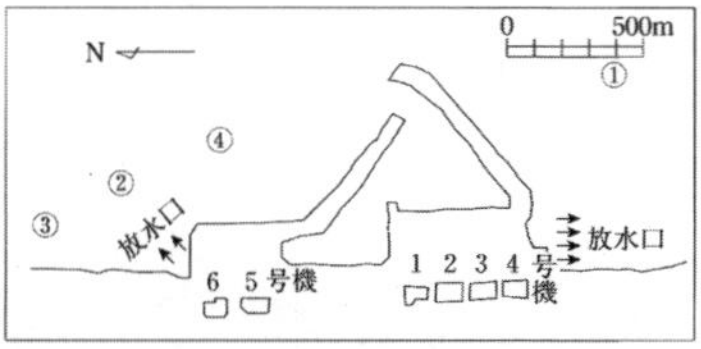

④継続すると………,

若狭湾沿いで一基大事故が起これば，数十万から数百万人が死傷することになる，という指摘がされています．確率は低いとしても，大きな事故はいつ起こらないとも限りません．原発の集中している福井県若狭湾沿いでチェルノブイリ原発並みの事故が起これば，いわゆる死の灰が偏西風に乗って名古屋まで届き，数十万から数百万人を殺傷，長く人の住めない地域が出ると見られます．また，何世代にもわたってガンや白血病，遺伝的障害が現れることも予想されます．このように，大事故がひとたび起きたときの影響は計り知れないものとなるでしょう．

フリップ原発A―④

原発事故による放射能汚染の範囲

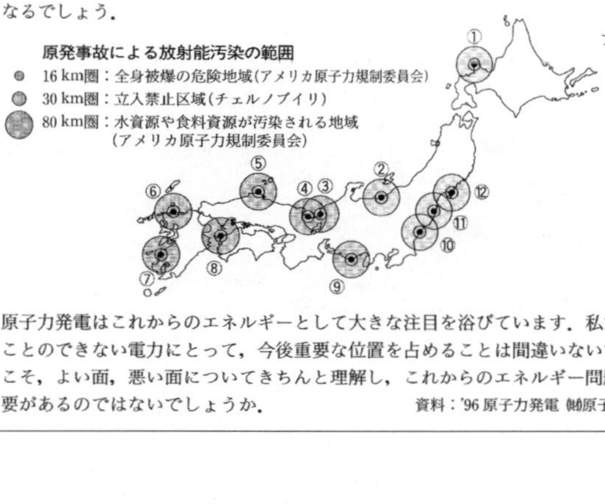

原子力発電はこれからのエネルギーとして大きな注目を浴びています．私たちの生活に欠くことのできない電力にとって，今後重要な位置を占めることは間違いないでしょう．だからこそ，よい面，悪い面についてきちんと理解し，これからのエネルギー問題を考えていく必要があるのではないでしょうか．

資料：'96原子力発電 (財)原子力文化振興財団より

原子力発電　解説文

（Bパターン：客観断片情報）

原子力発電の現状は………,

①日本では約50基の原発が運転され，全電力量の3割をまかなっています．日本では，日本海沿岸などを中心に約50基の原発が運転されており，アメリカ，フランスに次いで世界で3番目の原子力発電所保有国となっています．また，原発による電力量は総発電電力量の3割を超えており，この数字は年々増加をたどっています．

フリップ原発B—①

日本の原子力発電所の設備利用率・設備容量

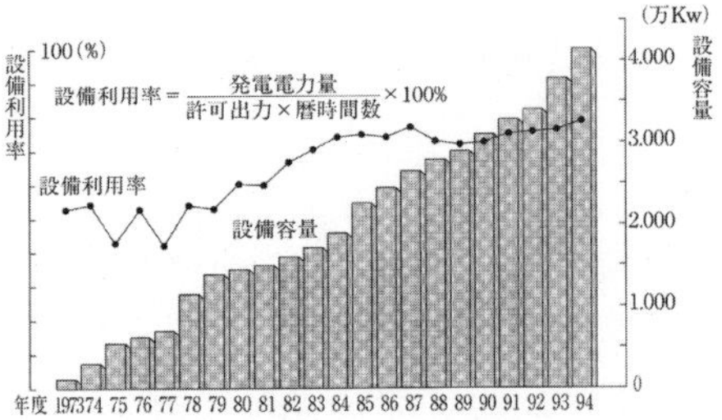

②一度発電に利用した燃料を電力の安定供給のために再利用できるシステムです．原子力発電の利点は，一度発電に使った燃料を再利用できるというところにあります．発電前と発電後の燃料には変化がありますが，発電後の燃料のほとんど，97%が再利用が可能であり，これを再び発電に使うことで，電力の安定供給が図れます．

フリップ原発B—②

原子力発電所で使われる燃料の変化

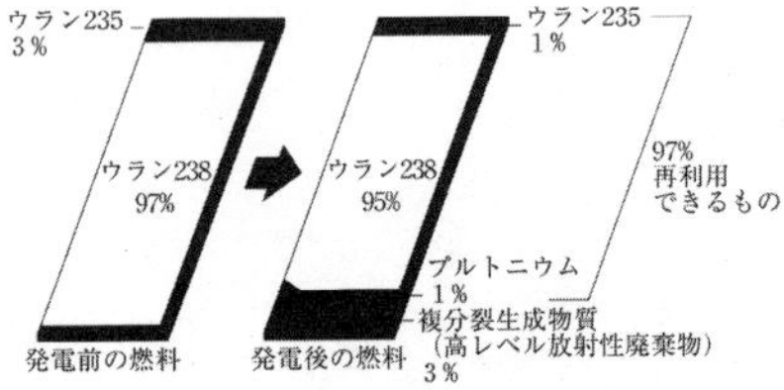

資料：'96 原子力発電 (財)原子力文化振興財団より

③原発の沿岸水域において温排水による温度上昇が確認されています．原子炉のタービンを冷やすために，沢山の海水が用いられています．接種された海水は，取水したときよりも温度が上昇しており，そのまま温排水として元の沿岸水域に戻されます．この温排水によって広い水域で温度上昇が確認されており，場所によっては6度以上も温度の高いところが発見されています．

フリップ原発B—③

温水拡大実態調査例

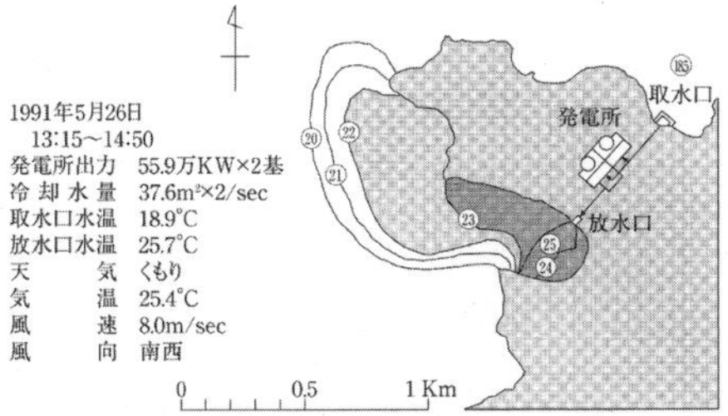

④これまでに，大事故には至らないまでも多くの事故やトラブルが確認されています．我が国でも事故やトラブルは年に数件は報告されており，また1基あたりの件数も1件を下回ってはいるものの，何らかの形でトラブルは起きているといえます．また，1960年代から70年代にかけて運転を始めた原子炉が老朽化による寿命を迎えていると言われていることから，さらなるトラブル，またそれによる大事故への注意を怠ることのできない状況が続いています．

フリップ原発B—④

日本のトラブル報告件数と平均報告件数

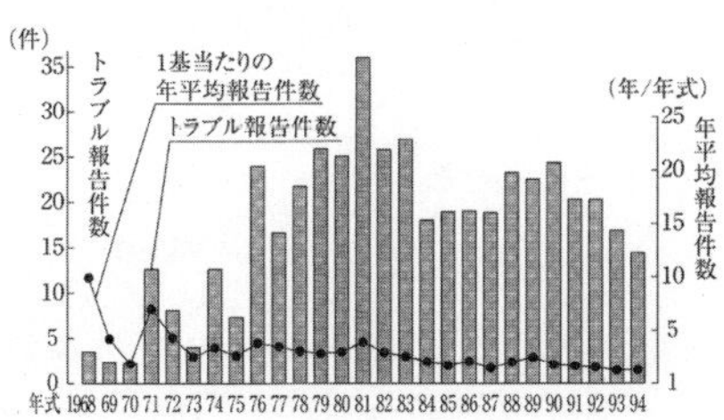

原子力発電はこれからのエネルギーとして注目を浴びています．私達の生活に欠くことのできない電力にとって今後ますます重要になることでしょう．だからこそ，よい面，悪い面についてきちんと理解し，これからのエネルギー問題について考える必要があるのではないでしょうか．

スクールカウンセラー　解説文
（Aパターン：影響予測情報）
スクールカウンセラーを導入すると……,
①：集団統率を重視する教師の対応とは逆に，一人一人の子どもを重視した対応の仕方ができます．不登校の生徒が私服でカウンセラー室に登校したときに，教師は集団の統率を考え，私服で来たことを厳しく注意しました．しかしカウンセラーは，まず「制服で来ないのは教室に無理に連れ込まれるのが怖いから」という，その生徒なりの理由があってのことだと受け入れ，集団の統率よりも目の前の一人を重視した対応をとりました．このように教師では見落としてしまいがちな生徒一人一人の感性をスクールカウンセラーはしっかり受け止めることができるのです．

フリップ：スクールA—①

＜＜子ども達への対応の違い＞＞
◎不登校の生徒が私服で登校した場合
●教師→生徒一人よりも集団の統率を考えて対応する
●カウンセラー→集団の統率よりも目の前の一人を重視して対応する

②：あらゆる状況に対応できる解決法を持っているため，家庭という視点と学校という視点の両方を見ることができ，平等で客観的な立場から適した解決方法を早く見つけることができます．例えば，不登校の生徒がいたとします．このような不登校児の問題が解決するためにかかる平均的な時間は約2年といわれています．教師は，学校に来ない一人の生徒に2年もの月日を費やすことはとうてい無理な事です．それに対してスクールカウンセラーは，長期にわたって定期的に週に1度時間というような時間をとり，一人の生徒に最後まで向かい合うことができます．さらに，親が子供に対して抱えている悩みや，学校に対しての疑問なども含めてカウンセリングします．つまり家庭という視点と学校という視点の両方を見ることができるのです．

フリップ：スクールA—②

＜＜カウンセラーの役割＞＞

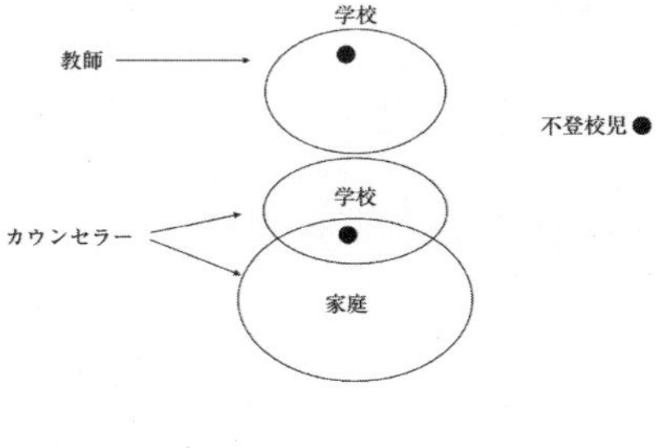

③：問題点として「資格取得者が少ないため複数の学校を兼任しなければならず，過剰な負担がかかると同時に，カウンセリングに必要な時間が充分にとれない」ということがあげられます．カウンセラーになるためには，臨床心理士の資格が必要とされますが，この資格は職業として認められていないため職としての安定性に欠けます．従って，希望する人は少なく現在，小・中・高校の数，約4万1千校に対して，資格取得者はわずか5,037人しかいません．そのため一人のスクールカウンセラーが複数の学校を兼任しなければならず，過剰な負担がかかると同時に，カウンセリングに必要な時間が充分にとれません．これらの理由から，試験的にいくつかの学校に導入する事はできても全国の学校には対応しきれないのが現状です．

フリップ：スクールA－③

＜＜カウンセラーが足りない＞＞

- ●臨床心理士の資格が必要であるが，職業として認められていないため職としての安定性に欠ける．このため希望する人は少なく，現在（1995年）約4万1千校に対し資格取得者は5.037人というケタ違いの数である．
- ●今の状況では，複数の学校を兼任しなければならず過剰な負担がかかると同時に，カウンセリングに必要な時間が充分にとれない．このため，全国の学校には対応できないのが現状である．

④：「全国規模では莫大な費用がかかる」ことも事実です．現在試験的に各県1校ずつ導入するためにかかっている費用は，総額で約8億円といわれています．従って，全国の学校に導入校を拡大するとなると莫大な費用がかかることになります．そこで問題視されるのは，このような多額の費用をかけて導入した結果，いじめや不登校が減るという明確な効果があらわれるかどうかは分からないということです．一方，このまま導入を見送るならば費用はかからずに済みますが，いじめや不登校の数は増え続けるでしょう．

フリップ：スクールA-④

＜＜全国規模では莫大な費用がかかる＞＞

- ●試験的に各県1校ずつ導入するためにかかっている費用は，総額約8億円といわれている．従って，全国の学校に導入するには莫大な費用がかかることがわかる．
- ●多額の費用をかけて導入した結果，明確な効果があらわれるかどうかは分からない．

以上のように1と2のメリット，3と4のデメリットがあげられ，これらのことをよく考えた上で議論していく必要があるといえます．

スクールカウンセラー　解説文
（Bパターン：客観断片情報）
スクールカウンセラー制度の現状は………

①：現在全国で4万1千校のうち，導入校は141校です．文部省は，今年度予算案から「いじめ自殺が深刻化したこと」などを理由に，スクールカウンセラーの配置校を今の141校から506校に増やす案が盛り込まれました．しかし，これに対して財団法人の日本臨床心理士資格認定協会が認定した臨床心理士の数は，1995年3月現在全国で5,037人．臨床心理士の資格をもたない精神科医や大学の専門家の助けを借りるにしても，スクールカウンセラーを実際に広めるには，絶対的になり手が少ないというのが専門家の見方です．

フリップ：スクールB—①

＜＜スクールカウンセラーの導入校＞＞

現在 141校 （各都道府県3校）	➜	来年度 506校 （各都道府県10校）

＊全国の小・中・高校の数およそ4万1千校に対し，臨床心理士は5,037人である。（1995年）

②：「本業の職場との兼任という過重労働との現状も指摘されています．これまでに述べたように，学校の数に対して臨床心理士の人数があまりにも少ないため，臨床心理士は必然的に本業の職場との兼任をしなければならなくなります．病院や自治体などに勤務しているカウンセラーが「週に2日，学校に顔を出す」という今の制度では本業の職場を平日に2日も離れるという中途半端な勤務形態を強いられる上に，一人一人の患者に充分なカウンセリングの時間をかけられていないというのが現状です．

フリップ：スクールB—②

＜＜本業の職場との兼任という過重労働の現状＞＞

病院の
カウンセラー

自治体等の
カウンセラー

↓

週に2日，スクールカウンセラーとして勤務

↓

＊病院などの本業の職場を平日に2日も離れることを強いられており，一人一人に充分なカウンセリングの時間をかけられていない．

③：日本には「スクールカウンセラー」という公的免許制度がないために中途半端な勤務形態が障害になっているのに対して，アメリカの学校では，進路指導と学習面を担当するガイダンスカウンセラー，生活上の問題を担当するスクールカウンセラー，精神的問題を担当するスクールセラピストが区別され，勤務しています．こうしたアメリカのスクールカウンセラーは大学院修士レベルで養成され，各州ごとにその公的免許制度があり，中等学校では生徒数 350 万人前後に 1 人の割合で配置されています．

フリップ：スクールB—③

<<アメリカのカウンセラー>>

●ガイダンスカウンセラー：進路指導と学習面
●スクールカウンセラー：生活上の諸問題
●スクールセラピスト：精神的な問題
＊日本のカウンセラーと異なり公的免許制度がある．

④：日本には「スクールカウンセラー」という公的免許制度がなく，そのかわりに，スクールカウンセラーになるための前提条件として，「臨床心理士」の資格が挙げられています．臨床心理士は，1988 年に日本心理臨床学会など 11 の関係学会が日本臨床心理士資格認定協会を発足させ，「心の専門家」としての臨床心理士の認定を始めたものです．受験資格は，心理学を大学や大学院で専攻した後，一定の期間，心理臨床の経験を有するものというのが原則です．さらに，資格取得後の研修の義務付けも要請されています．

フリップ：スクールB—④

<<臨床心理士になるために>>

●心理学を大学や大学院で専攻すること
●一定の期間，心理臨床の経験をすることが原則
●資格取得後の研修の義務付けも要請されている

以上のように，「臨床心理士が足りず導入校が少ないこと」，「カウンセラーに過重な負担がかかること」，「日本には公的免許制度がないこと」，「臨床心理士の資格はあるが国家資格ではないこと」などの 4 つの点がスクールカウンセラーについての現状です．

これらのことを比較考量し議論を深めていく必要があります．

情報公開法　解説文

（Aパターン：影響予測情報）

冒頭ナレーション：ここでは「情報公開法」について説明してまいります．
情報公開法とは，わが国の中央官庁や高級官僚，総理大臣，閣僚といった国が所有している情報を，誰でもが，簡単な手続きで短い期間(通常で30日以内，特別の場合でも60日以内)でいつでも明らかにすることができることを保障する法律です．この権利は，憲法13条の幸福追求権の一環として想定されているもので，国民は誰でも国の行政内容を知ることができるという「知る権利」を持つことから導き出されるものです．

①：*もし情報公開法要綱案が成立すると，私たち国民は………，*

1　自治体レベルでの情報公開条例を使って，いくつかの公開例のある官官接待問題ですが，国レベルでの情報公開規定が出来ることによって国を動かす総理大臣や閣僚・高級官僚達の交際費も明らかに出来るようになります．

2　原子力発電所の付近に住む人たちが，発電所は本当に安全なのかという疑問を持ったとき，情報公開法があれば原子炉の設計図や安全対策基準の公開を求めることができるようになります．もんじゅ事故では事故後も本当に危険な部分のビデオは公開されませんでした．事故が起きてからではなく起きる前に公開されていれば安全対策基準の強化などもできるようになると考えられます．

3　非加熱製剤の危険性を把握していながら血友病患者の治療のための非加熱製剤の使用を容認していたために薬害エイズの被害者は1995年3月末現在約1800人にまで広がっています．情報公開法があれば被害はずっと少なくできたといえる典型的な例であるといえます．

4　大蔵省の監督の不十分さから経営不振に陥った住宅専門金融機関に対し，国民の税金で救済すべきかという議案を検討する大蔵省審議会の議事録をいつでも明らかにすることができる．

フリップ：情報公開A－①

①総理大臣や閣僚・高級官僚達の交際費の公開（官官接待問題）
②原子炉の設計図や安全対策基準の公開（放射能漏れ事件）
③医薬品審査内容の公開（薬害エイズ事件）
④各審議会の審議内容の公開（住専処理問題）

最終ナレーション：今回の要綱案のポイントは「説明責任(アカウンタビリティ)」です．これは民主主義国家においての主役である国民に，政府がその活動を説明する責任があるということです．国民の税金をもとに政府の活動は行われています．その活動の内容を私達国民が知りたいと思ったとき，これまでは行政側のサービスとして公開されたり，担当者の判断で公開されなかったりと，公開・非公開の基準が曖昧でした．国民が支払ったお金で行われた活動の内容を国民が知ることが出来ないことの方が多かったのです．
しかし，今回のこの要綱案が法律化され，説明責任がきちんと果たされれば，国民一人一人が国の活動を具体的に知る機会は増大されます．この法律を積極的に活用することで，国民が行政を監視し，行政に参加するということも，より具体化されると考えられます．

情報公開法　解説文
（Bパターン：客観断片情報）

冒頭ナレーション：「情報公開法」とは，わが国の中央官庁や高級官僚，総理大臣，閣僚といった国が所有している情報を，誰でもが，簡単な手続きで短い期間（通常で30日以内，特別の場合でも60日以内）でいつでも明らかにすることができることを保証する法律です．この権利は，憲法13条の幸福追求権の一環として想定されているもので，国民は誰でも国の行政内容を「知る権利」を持つことから導き出されるものです．

①：*情報公開法の請求方法は*………，

どんな人でも公開を請求できます．請求相手は「行政機関の長」といった各省庁の大臣です．請求すべき所轄官庁が特定できない場合は，各都道府県に一カ所設けられている相談窓口で相談可能です．請求は「書面」で行いその際に請求文章を「特定」する必要があります．

フリップ：情報公開Ｂ－①

(1)情報公開を請求する人→外国人を含めたあらゆる人に権利→海外からの請求も可能．
(2)請求の相手は各省庁の大臣→文部省であれば文部大臣．
(3)請求すべき所轄官庁が特定できない場合→各都道府県の相談窓口で相談可能．
(4)地方に住む人のことも配慮され郵送での請求も可．
(5)請求内容はたとえば「厚生省が入手した米国製非加熱血液製剤とエイズの関連性を示す一切の資料」で可．

②：*情報公開法の公開対象文章と非公開対象文書は*………，

第一に「行政文書」にあたるか否かが判断され，「行政文章」であれば公開の義務があります．しかし，例外規定となる不開示情報に該当する場合は非公開となります．非公開となる不開示情報には5項目の情報があげられています．

フリップ：情報公開Ｂ－②

(1)個人識別情報（ex.HIV感染者の氏名）
(2)企業情報（ex.薬品会社が薬の安全性を調べたデータ）
(3)個人的な情報（ex.個人の手帳に記載されたメモ）
(4)意思形成過程情報（ex.私的な諮問委員会の決定前の議事録）
(5)捜査情報（ex.警察の取り調べ調書）

最終ナレーション：今回の要綱案のポイントは「説明責任（アカウンタビリティ）」です．これは民主主義国家においての主役である国民に，政府がその活動を説明する責任があるということです．国民の税金をもとに政府の活動は行われています．その活動の内容を私達国民が知りたいと思ったとき，これまでは行政側のサービスとして公開されたり，担当者の判断で公開されなかったりと，公開・非公開の基準が曖昧でした．国民が支払ったお金で行われた活動の内容を国民が知ることが出来ないことの方が多かったのです．

しかし，今回のこの要綱案が法律化され，説明責任がきちんと果たされれば，国民一人一人が国の活動を具体的に知る機会は増大されます．この法律を積極的に活用することで，国民が行政を監視し，行政に参加するということも，より具体化されると考えられます．

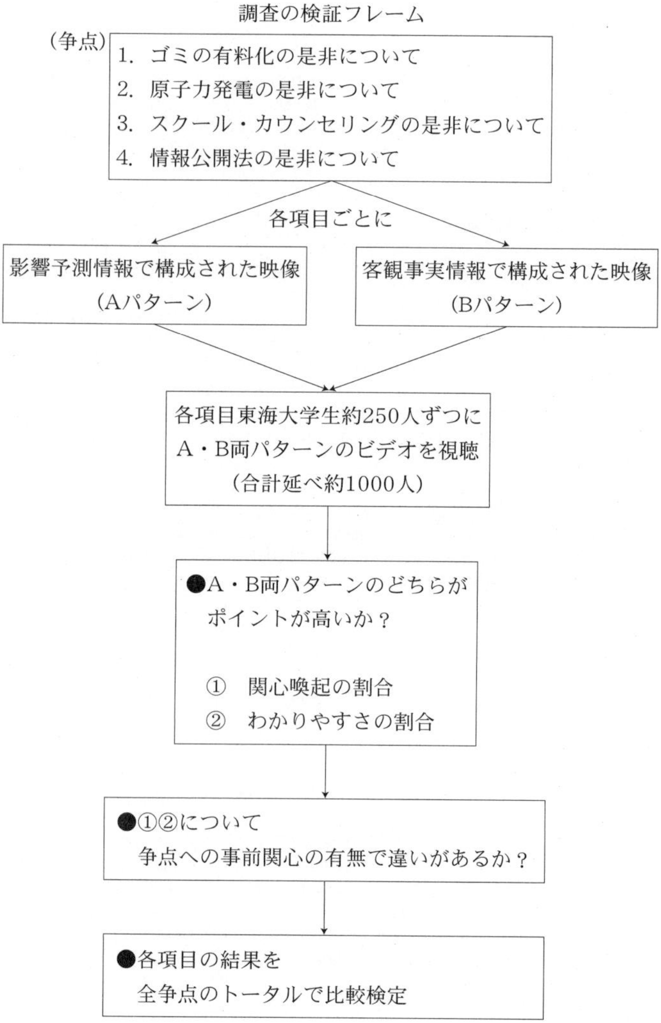
調査の検証フレーム
(争点)
1. ゴミの有料化の是非について
2. 原子力発電の是非について
3. スクール・カウンセリングの是非について
4. 情報公開法の是非について
各項目ごとに
影響予測情報で構成された映像 (Aパターン)
客観事実情報で構成された映像 (Bパターン)
各項目東海大学生約250人ずつに A・B両パターンのビデオを視聴 (合計延べ約1000人)
●A・B両パターンのどちらがポイントが高いか?
① 関心喚起の割合
② わかりやすさの割合
●①②について 争点への事前関心の有無で違いがあるか?
●各項目の結果を 全争点のトータルで比較検定

図4-7

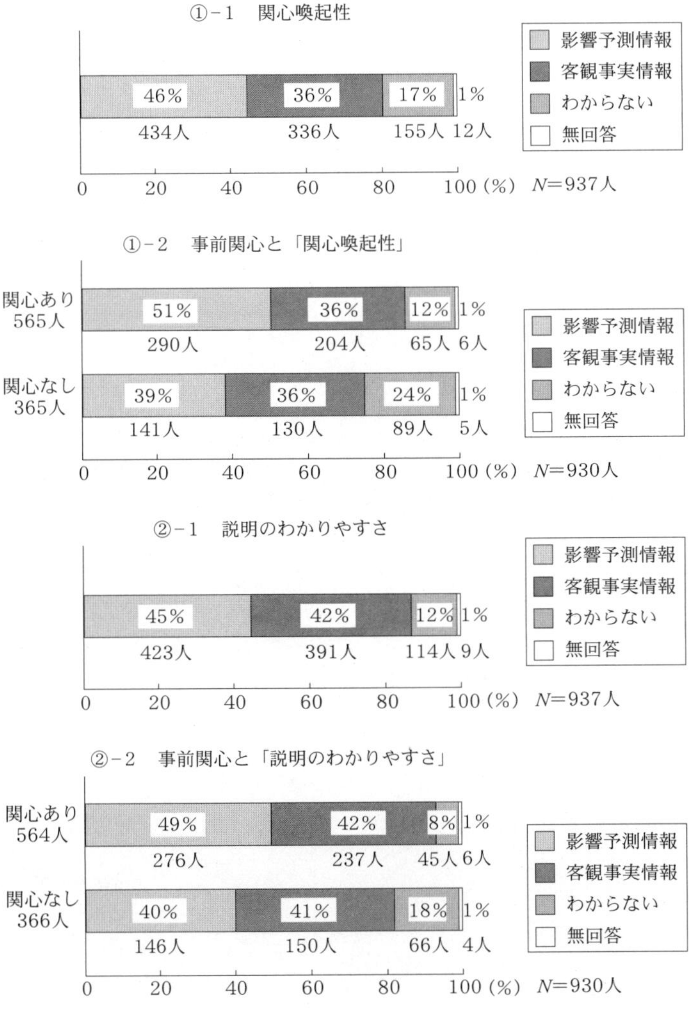
①−1　関心喚起性
46%
36%
17%
1%
434人
336人
155人
12人
影響予測情報
客観事実情報
わからない
無回答
0
20
40
60
80
100（%）
N=937人
①−2　事前関心と「関心喚起性」
関心あり 565人
51%
36%
12%
1%
290人
204人
65人
6人
関心なし 365人
39%
36%
24%
1%
141人
130人
89人
5人
影響予測情報
客観事実情報
わからない
無回答
0
20
40
60
80
100（%）
N=930人
②−1　説明のわかりやすさ
45%
42%
12%
1%
423人
391人
114人
9人
影響予測情報
客観事実情報
わからない
無回答
0
20
40
60
80
100（%）
N=937人
②−2　事前関心と「説明のわかりやすさ」
関心あり 564人
49%
42%
8%
1%
276人
237人
45人
6人
関心なし 366人
40%
41%
18%
1%
146人
150人
66人
4人
影響予測情報
客観事実情報
わからない
無回答
0
20
40
60
80
100（%）
N=930人

図4-8

5章 熟慮誘発機能の測定調査
——原子力発電是非をテーマにして——

1．調査テーマの設定理由

本章ではこれまでの考察をもとにして、マスコミュニケーション状況下、つまり一方的に与えられる情報の熟慮誘発機能測定のための実験室的調査手法をさらに模索します。前章までの調査と違う点は、測定までのタイム・スパンを拡大した点にあります。

2003年に「原子力発電」(以下原発と略す) 是非を争点に、大学生の争点情報への志向性が、先行学習機能を含む情報の有無によってどのように変化するかを教室内調査によって測定しました。この調査は、東京電力が所有する17基の原発がすべて停止する事態となった2003年4月15日以降の6月下旬から7月上旬に行われました。その理由は以下の通りです。前年の2002年8月29日に東京電力が意図的に行ったとされる一連の「トラブル隠し」が発覚し、全基の保守点検・再検査を行うことを監督官庁から強制され17基全基が停止していたのがこの時期でした。このような状況下、マス・メディアは、過去の電力需要のピークから類推して、東京電力管轄下ですでに総電力発電量の40％に達した原発がなくなった場合に想定される停電の可能性について連日報道を行っていました。東京電力側でも、６月下旬よりテレビ・新聞・ラジオ等を通じて、その日の予測電力需要量を流し、夏場の電力消費の主要因となるエアコン機器の節電を呼びかけるキャンペーンを行う事態にもなっていました。このような状況は、日頃原発に関心をもたない一般の大学生にも原発問題を考えやすく、情報提供後１週間にどれだけマス・メディア情報に敏感になれたかを測定するには望ましい情報環境でした。外部からの情報刺激が相対的に多くなっていたため、先行情報の熟慮誘発機能を時間経過の中で測定しやすかったからです。つまり、本調査の対象となった大学生はこの時期、通常時と比べ、原発の存在や重要性・危険性を感知しやすい社会状況にあり、何らかの形で「同年夏の原発停止によって電力供給に問題が生じる可能性がある」ことを知りやすい状況にあったということです。これらの理由から原発是非をテーマ設定し、一方的に提供されることが前提である疑似マスコミュニケーション情報が持つ熟慮誘発力を実験室的調査によって確かめることにしました。

２．調査手法

調査に先立ち、被験者の大学生には、わが国の原発の是非（判断）にも繋がる情報を流すと伝え、この情報を参考に各人で「原発是非」判断をもう一度行ってもらいたい旨をお願いしました。いずれも筆者が当時授業を担当していた首都圏にある３大学の文系１・２年生が対象です。その判断確認時期は、１週間後のこの授業時間ということも宣言しています。その際、本調査のねらいである「原発是非」問題についての熟慮誘発力の測定については触れていません。今回使用された原発是非に関する情報は、各特徴を持った３種類のものです。調査の概要を図 5-1 に示しました。

第１情報群は、客観的データは多く含まれていますが、日常生活への具体的影響予測性の相対的に低い情報です。情報は、中部電力が 1999 年に作成した PR ビデオ「今、なぜ原子力なのか？」の中から以下の箇所を12分に編集して提供されています。具体的には、次の通りです。

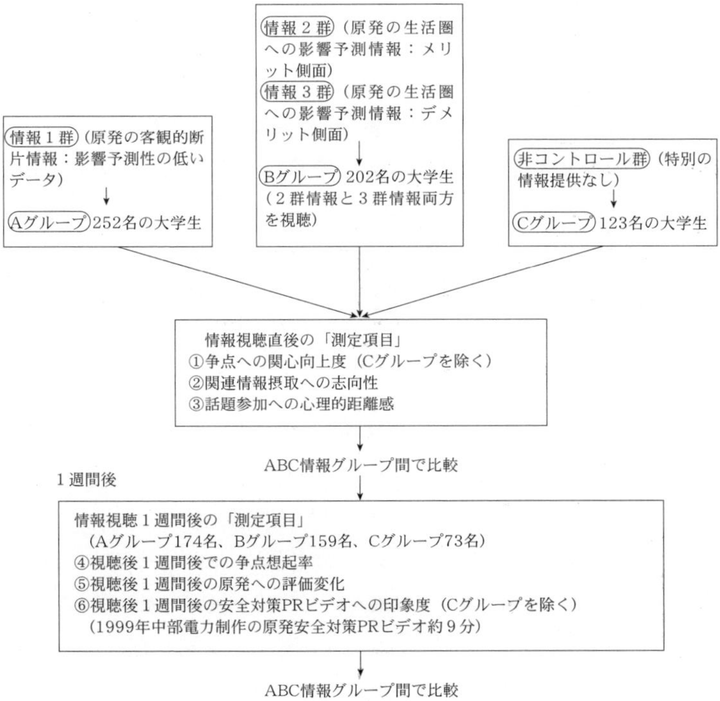

図5-1　調査の手順

①他エネルギー資源と比べての原料ウラン採掘年数の優位性。
②地球温室効果の原因になるCO_2排出面からの原子力発電優位性。
③水力・風力・太陽光等自然エネルギー利用のコスト面の脆弱性。
④国内原子力発電の最新安全対策。
⑤世界各国の原子力発電導入動向。
⑥日本の総発電量内での原子力発電の割合。　(計12分)

第２情報群は第１情報群と比べ、日常生活への影響予測性が相対的に高い情報で、具体的には、東京電力管轄下における当時全17基の原発を停止した場合での生活面での不便さを想定する情報です。原発のメリットを示す点で第１情報群と共通点はありますが、生活面への影響に具体性を持たせようとする点で違いがあります。このプレゼンテーション資料は、当時東京電力が提供していた情報やマスコミ報道をもとにして製作し、グラフ・地図等を用いて書画カメラにより被験者に提供されました。情報の算出手続きは、以下の通りです。

①2003年７月の時点で東京電力管轄下の原子力発電所全17基が停止した場合の発電量不足を、過去最高出力が検出された2001年７月24日を基準として実際に算出する。
6450万kW（過去最高出力2001年７月24日）－5500万kW（2003年６月末原発抜き最高出力）＝950万kW（推定不足発電量）
②エアコンが使用されていない2003年５月23日（首都圏の最高気温23度）の最高出力が4500万kWであることを提示し、夏場の電力総量増加の原因がエアコンの使用であることを説明。

③毎年、気温が35度以上になりやすく発電需要がピークに達する梅雨明けの７月20日からオフィスや工場がお盆休みに入る８月10日までの約20日間に①の電力不足が生じる可能性を説明。

④首都圏1200万世帯（約3200万人）のどこかで、1987年首都圏で発生した広域停電時のような、復旧までに４～５時間の停電が生じる可能性を説明。不足分の950万kWは約300万世帯分の消費電力量に相当することを説明。当時発生した、信号ストップによる交通渋滞、エレベータ内への閉じ込め、銀行オンラインストップ、電車ダイヤの混乱、病院での緊急事態、スーパー等の夏場の小売り機能への影響から生活面への混乱を説明。

⑤ただし、すべての世帯、職場でのエアコン設定温度を28度に遵守した場合は、原発なしでも5500万kW以内で総停電を回避できることを説明。

⑥すべてのエアコン設定温度を28度以上に強制設定できない場合、首都圏（１都６県）内の電力供給地域を６つに分け、不足電力相当分の約300万世帯を午後１時から午後４時までの間で30分ごとに予告停電させる輪番制度を導入する必要を説明。

⑦輪番制による地区ごとの予告停電制は、2003年７月当時、事故隠しのために経済産業省から原発全基の停止処分を受けていた東京電力側が電力供給不足を回避するために想定していた対策でもあることを解説。（計８分）

第３情報群も第１情報群と比べ、日常生活への影響予測性の相対的に高い情報で、海外で実際に起こった事故から原発のマイナス面を想定させるものです。ただ今回の被験者は、全員日本人であるので生活面での具体的予測といってもこの点でやや緊迫性を欠いています。20年前のソ連原発と現在の原発では設計構造・安全対策も違い、このような事故は絶対に起こりえないという被験者の思いが強い場合、第2情報群と比べると相対的には影響予測性は低いかもしれません。提示情報は「NHKスペシャル“終わりなき人体汚染—チェルノブイリ事故から10年”：1996年製作」から編集されています。このプレゼンテーションはVTRによって行われました。具体的には以下の通りです。

①少女の死、事故から10年後の発病（少女の葬儀の映像）。
②チェルノブイリ原発事故当時の情景（事故直後、白黒画像）。
③12万km^2（日本国土約1/3）、半径約600kmの汚染地域（CG解説）。
④汚染地域で楽しく遊ぶ子供たちの風景。
⑤小児甲状腺癌の発病率増加（病院に行列する子供たちの映像）。
⑥体内外からの二重被曝についての解説（CG解説）。
⑦妊婦への影響、胎盤肥大化による胎児への障害（CT画像）。
⑧人工中絶の増加、染色体異常の割合増大。
⑨他要因との比較検討（ストレス、栄養障害、化学物質等の複合要因）。
⑩放射能汚染によって生まれた奇形児の映像。（計6分）

Aグループでは、第1情報群（影響予測性が低い情報）によって、252名の大学生にビデオ映像を編集して説明されました。Bグループでは、202名の大学生に第2情報群と第3情報群を一緒にして「メリットとデメリット両面情報」として提供されています。AB情報グループともに提供時間は12～13分程度になるように調整しました。その他、非コントロール群Cグループとして、何の情報提供もしないグループ123人にも同様の質問調査を同時期に行いました。

当時は、東京電力が原発全基停止に伴う節電を盛んにマス・メディアでPRしていたこともあり、特別な情報提供をしなくとも通常時とは異なる意識が現れる可能性も否定できなかったからです。

また、後続効果を測定するために1週間後、各グループに①1週間内での原発問題への想起率、②「中部電力」が作成した同じ「安全対策PRビデオ」の印象、③原発評価の変化率、を回答してもらい、グループ間で違いを比較しています。1週間後も調査に参加してくれた学生は、Aグループでは174名、Bグループでは159名、Cグループでは93人でした。1週間後に視聴した「安全対策PRビデオ」の内容構成は以下のようなものです。中部電力が1999年に作成したPRビデオ「今、なぜ原子力なのか？」の中から安全対策に関連した部分だけを約9分に編集して提供されています。

①（原子力とは）放射線とは／東海村臨界事故の実態／臨界とは。
②（ハード面での安全対策）各種危機回避のための装置とその多重構造（耐震構造を含む）。
③（チェルノブイリ原発事故の実態）構造的欠陥／人為ミス／脆弱な安全対策。
④（ソフト面での安全対策）現在中部電力での実地訓練の内容／ヒューマンエラー防止策。（計9分）

そして、今回の実験では、情報視聴後の「熟慮誘発力」を以下のレベルから測定しました。

①関心喚起性（争点への関心向上）
②情報志向性（判断の材料となる関連「情報」摂取志向）

③話題性（話題参加への心理的距離感）

④想起性（視聴後１週間以内での争点想起）

⑤印象性（視聴後１週間後の原発安全対策ＰＲビデオへの印象）

3．調査結果

本調査は、同質的な大学生を対象にした補助的なデータであることを前提として以下の点を確認しておきたいと思います。結果では、原発が中止あるいは継続された場合の影響予測を具体的に示した場合と、客観的数値によって原発の優位性を具体的に提示した場合（生活面への影響予測性が低い情報）との直後比較では、差異が有意性を伴って検出されています。具体的には、①関心喚起性、②情報志向性、③話題性、の各側面で「影響予測性」が高いＢグループ情報で相対的に高い数値が検出されています（５％水準：図5-2参照）。

また、「視聴後１週間の争点の想起性」といった争点へ時間経過後の自己関与度の高まりを見る項目でも、Ｂグループ情報（メリットとデメリット両面呈示情報）に高い想起率が確認されています（１％水準で有意）。しかし、「視聴１週間後の原発PRビデオへの印象」といった外部からの説得的情報への態度では、ＡＢグループ間で有意差は検出されませんでした。東京電力等の原発事故隠しの発覚で電力各社への信頼が揺らいでいる調査当時の状況下、電力会社制作の安全対策情報に対して「内容の操作性＝うさんくさい」と見る人の割合は、両グループとも20％台で両者に有意差は検出されていません。しかし、両者間には、情報を評価する動機付けの点で違いがあるとも思われます。両面情報を視聴した群では、争点に関する主体的な関心から原発推進のための安全対策情報に対しても価値を認めるが、影響予測性の低い情報を視聴したグループでは、単に新しい情報を学習させてもらったことに価値を認めるという側面が働いているかもしれません。また、１週間後の測定で原発への評価を変えた人は20％前後で、ＡＢＣグループ間で有意差は検出されませんでした。

調査では、今回のテーマとなった「原子力発電」への当初関心の有無ごとに、ＡＢグループ情報が与える各調査項目での差も比較しています。結果では、①から④までの項目すべてで、当初関心の有無にかかわらず両者間で有意差が検証されています（１％水準）。同様に⑤の「PRビデオへの印象」項目では両者間で有意差は検証されませんでした。

以上の結果から、同一争点であってもマス・メディアから提供される情報の構成によって、後続の関連情報への志向性に差異が生じる可能性があることがわかります。それはまた、マス・メディアの熟慮誘発機能の存在を示唆するだけでなく、後続効果としての情報行動にも変化を生じさせる可能性があることを示すものと思われます。ここでは原発是非を争点として実験室的調査を行ってきました。多様な争点での同様な手続きを経た検証が今後の課題でしょう。

序章でも述べましたが、受け手の争点に関する「熟慮誘発」を促進するような方向で報道がなされたとしても、その情報が事実の正確な模写でありえないことは、リップマンが『世論』で指摘した通りです。マス・メディアの技術的・経営企業的性格のため編集過程に限界が生じ、真実が意図的に歪曲されうることは批判学派の立場からも指摘される通りです。しかも、マス・メディアはその発言の場をすべての受け手に開いているわけでもなく、自己の意見をマス・メディアで発言できる人は、ごく一部の人にすぎません。つま

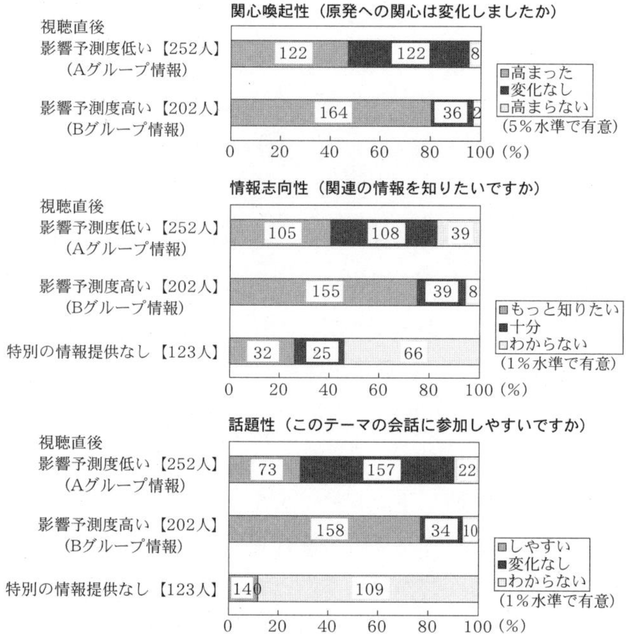

図5-2　情報パターンによる熟考度格差

り、熟慮誘発機能の向上が検出されたとしても、マス・メディアから提供される情報に完全性というものが保証されない限り、誰かによって世論が操作される危険性は常に存在します。今回の調査テーマであった原子力発電是非が、実際の選挙で争点になっても、その背後にはもっと重要な争点が隠されていることもありえます。すべての政治争点を有権者が判断することは不可能で、何を重要争点にするかはすべて送り手側が規定する事項であり、操作可能な要因です。

しかし、熟慮誘発機能とは、いかに受け手に対し争点への自己関

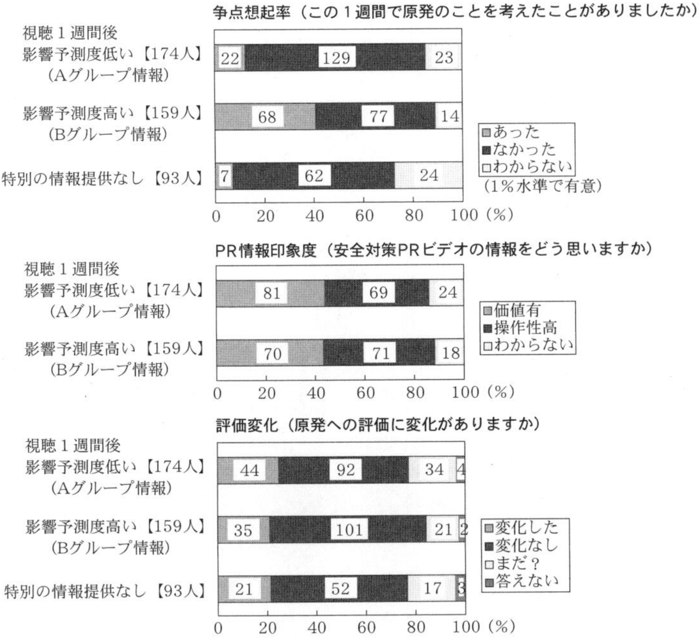

与度を高めるような情報を提示できるかということです。それができないような報道では、世論はより操作されやすくなります。図5–3は２章で示した情報処理過程モデルからマス・メディア効果を分類するチャートを簡略化したものです。つまり、Bルートでのマス・メディア効果研究の課題は、争点と受け手との関係を少しでも緊張感のあるもの、争点への判断が自分の生活に影響を与えるという心理状態を活発化することにあります。これによって話題性を高め、「簡略的情報処理」や「他者（多数派）依存的情報処理」へ安易に流れるのを回避する報道の模索です。本章ではそれを視聴後のタイム・スパンという視点を入れて検討してみました。

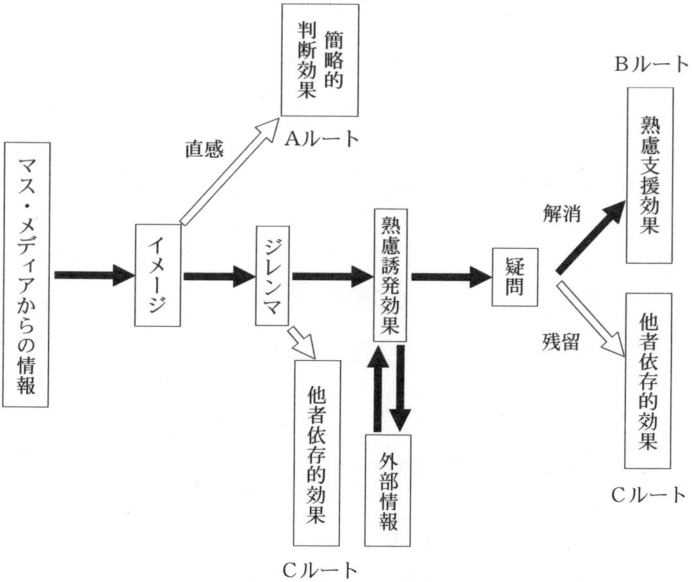

図5–3 マス・メディア効果分類チャート

終章

「認知させ説得するメディア」から「問いかけるメディア」力の測定へ

1．政治メディア熟慮誘発機能を測定する意義

米国では、「人々は政治について大量の知識がなくとも、エリート・報道番組・オピニオンリーダー・利益集団から手がかりを得ることで理由を十分に自覚した上で、政治的選択をしている」という見解があります（Sniderman, P. M., Brody, R. A. & Tetlok, P. E. 1991：p. 19)。その一方で「今日の国民は１～２世代前よりも政治情報に通じているわけではない。どちらかといえば、教育水準の劇的な向上により他面では一様に顕著な改善が見られたにもかかわらず、政治情報にはいくらか疎くなっている」（Delli Carpini, M. &Keeter, S. 1991：pp. 583–612）という指摘もなされています。また、「政治情報を入手する機会は、人がそれ以上に重要な関心事に関わっている時に、たまたま手にするまったくの偶然に過ぎない」。にもかかわらず「自分には知識があると思い込むこと、知識が不十分なことを自覚しないことが民主主義の問題である」（キンダー, D. 1998/2004：pp. 28–32）との意見もあります。いずれの見方が日本の実状に近いかは、本書では指摘できません。しかし、自民党が圧勝した2005年９月第44

回総選挙では自民党も民主党もそれぞれ契約するPRコンサルタント会社に多額のお金を支払っています。いずれにせよ政党がPR会社とともに選挙公示期間を演出するようになってきた今日、有権者はますます為政者側の情報操作に晒されることを前提にして、防御策を用意しておく必要があると思います。政治争点への関心と熟慮を誘発してくれるようなジャーナリズムをもっと要求していくのも１つの対策と思われます。政治ジャーナリズム側もこのような状況を前提にして国民への情報提供を考え、研究者側もこの要求に応えるための効果測定軸を用意しなければなりません。本書の立場は、その測定に向けての準備作業です。

政治権力側のイメージや雰囲気戦略による世論誘導に歯止めをかけるためには、どうしても受け手側の熟慮が必要になります。本書での熟慮とは、序章で定義した通り「投票行動の結果を自分なりに予測しようとすること」です。確かに、予測の程度には個人差があります。多方面から読む人、浅く読む人いろいろです。最後まで予測を完遂できるか否かも個人で異なるでしょう。しかし本書で問題にしてきたのは、程度の違いはあれ予測を自分なりにしてみようという思いを報道はいかに活性化しうるかという点です。具体的には、政治的争点をめぐって有権者が関連情報にもっと敏感になり、周囲の人との会話・対話に関心を持ったりすることです。特に、最近の研究では、人々が自分の政治的意見を煮詰めていく過程で、周囲の人との会話・対話が重要なことが示されています（Huckfeldt, R. & Sprague, J. 1995：p. 114)。周囲の人と話す機会を持つことは、争点をより多面的に深く考えることに繋がるからでしょう。政治知識や関心が大きくなると周囲の人との会話量が多くなることも示されています（池田謙一．2001：p. 23)。

本書の問題意識は、有権者が争点に対し熟慮そのものを欲することができない状況が多くなっているという点から出発しています。このような状況に置かれた有権者は、為政者側にとっては、絶好の世論操作のターゲットになりやすいことは２章で示した各効果モデルが共通して示すところです。そこでは、商業CMのように有権者の潜在意識や雰囲気を操ることが容易になるからです。したがって、政治ジャーナリズムにまず必要なことは、有権者に熟慮が必要と思わせることでしょう。それがメディアの「熟慮誘発機能」という本書の発想に繋がっています。もちろん、熟慮誘発の次には、実際に熟慮が進展することが期待されますが、本書では、熟慮支援機能には立ち入らず、その１つ前の段階、熟慮誘発機能の確認に注目してみました。熟慮の入り口（誘発）がなければ、その後のトンネル（熟慮そのもの）も存在しえないからです。

本書で行われた熟慮誘発機能に関する調査はすべて実験室的な環境でなされたものです。この実験環境では、影響予測情報の方が客観事実情報よりも、視聴者・読者への熟慮誘発機能に優れているように見えました。もちろん、効果が個々の記事・ニュースレベルで見られたとしても、実際の社会生活の場面において表出するのかは、本書の段階では明言できません。個々の記事・ニュースが熟慮誘発力を持っていても、実際の生活場面では阻害要因が働き、効果が相殺されかき消されてしまうことも十分想定されます。理論と実践には大きな障壁があるだろうとも思われます。

しかし、であるならばなおのこと、想定されるそれら阻害要因以上に熟慮誘発機能を高める工夫が継続的になされなければならない、と考えることもできます。その意味で、選挙公示期間中の個々の記事・ニュースが持っている熟慮誘発力を常に測定し、公表することが重要になります。この作業を地道に繰り返すことによって、有権者側は、為政者だけでなく政治ジャーナリズムも監視できるようになるのではないでしょうか。このメディア機能が不全のままでは、いくら詳細な客観事実報道がされていても視聴者・読者の熟慮は開始されない、という点が本書の主張したい点です。また、熟慮誘発の有無を有権者の事前知識、関心、メディア・リテラシーに委ねるだけでは、政治メディアは、ジャーナリズムとしての責任を十分に果たしているとは言えないという立場でもあります。

2．2つのジャーナリズム観

しかし、これまでのジャーナリズム史の中では、有権者に熟慮を求めることが非現実的であるという意見もありました。本書の序章でも引用した、1960年代米国で多大な発言力を持っていたジャーナリスト、リップマン, W. は、「メディアは読者が選択すべき最終結論だけを積極を持って示せばよい」と考えていました。一般市民が選挙のたびに、争点選択とその判断に必要な情報を自主的に集めて熟慮することなど現実的ではないというものです。彼のこのような意見は、第一次世界大戦当時の新聞報道が為政者からの情報操作によって、世論を簡単に誘導したことの反省から発せられています。多くの人々を啓蒙して、政治的民主化を達成できる偉大な装置として再度、報道の無謬性を強調する必要性があったからです。リップマンの考えの根拠は以下のような点にまとめることができます（リップマン, W. 1922/1987）。

①ニュース報道機関の中に、真実を報道する責任に対して組織的

曖昧性があること。

②取材・記事作成・編集のすべての過程で検閲が行われ、特定の考え方を宣伝するための装置として利用される可能性があること（メディアが作り出す社会現象の特定側面は「疑似環境」と呼ばれました）。

③人々はニュース報道を、帰属社会集団の中で確立されている固定的・画一的な基準やイメージから情緒的に評価しがちなため、その内容と対立する実証的証拠を冷静に受け入れることに抵抗を示しがちであること（この現象は「ステレオタイプ」と呼ばれ、社会心理学上のキー概念となりました）。

つまり、リップマンのこのようなジャーナリスト観の背景には、もし新聞報道に、特定の立場だけを多く取り上げるという偏りがあったときに、不公平さを修正する責任部局もなく、読者側もその偏りを冷静に判断する主体的パーソナリティや知識を欠如させていた場合、報道は「世論」を操作する装置となり「デモクラシーの危機」を生じさせることになる。だから、ジャーナリストは権力側からの圧力に屈することなく、読者たる市民にとって最善の結論を示すために訓練され、高度な取材能力と考察力を持たなければならないのだ、という論理がありました。

リップマンのこの見解は当時、賛否両論を引き起こしました。ジャーナリズムに対する見方にもさまざまなものがあり、この考え方に反対する人は、市民が政治のことを熟慮しないと民主主義は脆弱なものになるという思いから、メディアの役割は「市民が政治参加する手助けをすること」と反論します。当時の反論代表格は、リップマンより30歳年上の教育者で哲学者でもあったジョン・デューイで、この論争はリップマンvs.デューイ論争とも言われています（大井眞二．2005：pp. 44–45）。政治ジャーナリズムのあり方を考えるうえで重要なきっかけとなった論争です。デューイは、「公衆」は「公的行為」への共通の関心を基礎にして成り立つものであるが、「大社会」の成立によって失われたその再生を地域共同体の再形成に求めています。メディアの役割も市民が政治に参加しやすいように、争点の持つ意味を生活圏内に落とし込んでやること、としています（デューイ, J. 1927/1969：pp. 193–204）。

「熟慮誘発機能」を想定する本書の立場も、この考え方に近いものかもしれません。リップマン派の人たちといえども、政治ジャーナリズムの理念や理想としてはこの考えを認めると思います。しかし、現実問題として、政治は複雑で、多くの一般市民は仕事・家事・育児・介護・趣味・娯楽に忙しく熟慮誘発さえ難しい。仮に、一瞬「熟慮誘発」されたとしても、その後、適切な判断のために情報を主体的に求めることを前提に考えることはできない、ということになるのでしょう。したがって、政治メディアは栄養価100％の母乳のごとく責任を持って世論を先導するしかないのだということになります。

この論争を考える上で参考になる１つの資料があります。1994年に日本のジャーナリスト291名（新聞・通信・放送の各分野）に対して行われた「マス・メディアの役割に対する認識」に関する調査です（内川秀美・柳井道夫．1994：p. 225；表6–1参照）。質問では「あなた個人のメディアの役割に対する意見」を聞いています。その際の選択肢は「世論を指導すること」「反映すること」「形成を助けること」の３つです。結果では、「形成を助けること」が各分野全体で77.3％、「反映すること」 59.5％、「世論を指導すること」は16.6％に

表6-1　マス・メディアの役割に対する認識

（単位：％）

		賛成である	反対である	どちらともいえない	計（N）
世論を指導すること	全　体	16.6	57.9	25.5	100.0（290）
	新　聞	22.6	48.2	29.2	100.0（137）
	通　信	12.5	55.0	32.5	100.0（ 40）
	放　送	10.6	70.8	18.6	100.0（113）
世論を反映すること	全　体	59.5	15.8	24.7	100.0（291）
	新　聞	65.0	14.6	20.4	100.0（137）
	通　信	62.5	12.5	25.0	100.0（ 40）
	放　送	51.8	18.4	29.8	100.0（114）
世論形成を助けること	全　体	77.3	7.2	15.5	100.0（291）
	新　聞	82.5	7.3	10.2	100.0（137）
	通　信	77.5	5.0	17.5	100.0（ 40）
	放　送	71.0	7.9	21.1	100.0（114）

注）カッコ内は実数。
出典）内川芳美・柳井道夫編（1994）p.225より作成。

すぎませんでした。日本のジャーナリストの間でも意識上はデューイ派が多く、ジャーナリズムは常に世論を先導しなければならないというリップマン派は少数派であることがわかります。しかし、実際は、日本でも個々のジャーナリスト意識とは別に、メディアが世論を「指導あるいは誘導」してしまっているのではないか、という思いは拭いきれません。

本来政策争点には、国民全体への将来の影響を見た場合、メリットとデメリット両方が含まれています。その両方が想定されるから政策間に争う必要性が生じ争点となります。したがって、政治メディアも本来この点に触れなければ、視聴者・読者への責任を果たしていることにはならないはずです。争点へのA党案に賛成すれば、将来、この層の国民にはこのようなメリットとデメリットが生じる可能性がある。一方、違う立場の人には異なる影響も予測される。だが当社は、これこれの理由でＡ党案には賛成あるいは反対である、という筋道で論を組み立てているはずです。もちろん、この判断過程には、メディア各社の違いがあってもかまいません。その真偽のほどは、各社記者の取材力によって支えられることになります。

リップマン派では、一般有権者は日常生活に忙しくじっくり考える時間がないから、前半の熟慮部分はジャーナリストが担当し、後半の結論部分だけを露出すればよいということになります。その代わり、取材力と考察力を鍛え政策の影響予測と結論を間違えてはいけない、という「ジャーナリスト・スーパーマン論」を目指していくことになります。一方、デューイ派の立場に近く立つならば、ジャーナリズムの目的は、どうしたら有権者にもその予測を一緒に考え話し合ってもらうことができるのか。マス・メディアはいかにそれに貢献できるのか。つまり、「熟慮誘発」のメカニズムの探求が主題になります。この点の理論的・実証的検討が本書の課題でした。

この点に関して、本書での限られた範囲での調査実験から、以下のことを指摘したいと思います。注目したいのは、調査の対象になってくれた多くの大学生諸君の反応です。政策のできるだけ具体的な影響の予測に触れた直後の反応は、単なる客観的事実の指摘に触れた場合よりも「もっと関連情報に触れてみたい」という気持ちが多くなっていました。調査では、この反応は「関心喚起性」「当初議題設定順位への確信性」「関連情報志向性」「会話参加志向性」「事後の争点想起性」という表現となって記載されています。それらを一言で言えば「もっと詳細を知りたい」というものです。

もちろん、「詳細を知りたい」と思っても、言い換えれば熟慮誘発されても、その後関連情報が入手できなければ、多くの人はその情報志向性を簡単に止めてしまうかもしれません。最終的にはリップマン派の言うように、中心的なメディアが示す最終的結論や候補者・政党の作り出すイメージに依存してしまうのかもしれません。しかし重要なことは、メリット面であれ、デメリット面であれ具体的な自己生活圏への影響予測情報に接した直後の感想には、詳しい情報内容をもっと確認したいという気持ちがより多く存在しえたことです。そして少なくともこの間、当該情報を伝えたメディアは、視聴者・読者の「熟慮」誘発に成功していたと見ることはできないでしょうか。もし、この気持ちに対応できる情報を、メディアが継続的に提供できるならば、受け手を実際に熟慮させることも可能になるはずです。

確かに、受け手にとっての熟慮動機は（メディア側から見れば熟慮誘発機能ですが）、わかりやすく詳細な情報で常にバックアップされていなければ、短時間で消えてしまうような「はかなく」「かよわい」脆弱な効果なのかもしれません。しかし、本書ではこの効果にできるだけ注目してみることにしました。この効果が先導となって実際の受け手側に熟慮がなされるならば、ジャーナリズムは、「世論の指導」ではなく、「世論形成」に協力することができるようになるからです。

3．選挙キャンペーン時の報道分析

本書で試みたように選挙報道をいくつかの情報パターンに分けて各効果を推定する試みは、パターソン（Patterson, T. E. 1993）やカペラ（カペラ, J. N. & ジェイミソン, K. H. 1997/2005）によっても行われています。パターソンは、「ゲーム（game）スキーマ」と「政策実質（substance）スキーマ」から、カペラは、「戦略型フレーム（Strategic Frame）」と「争点型フレーム（Issue Frame）」から分類して内容分析を試みています。前者は、候補者間の戦いや政治活動そのものに視点を置き、それらを何らかの意図ある戦略的行為として描く報道姿勢であり、後者は、公約や政策などを取り上げて、政治家個人の思惑を超えた「争点の存在・課題」を中心に描こうという報道姿勢です。高瀬淳一（1999：p. 52）は、前者の類型を「ＡがＢに勝った」型、後者を「ＡよりもＢの方がよい」型と分類し整理しています。パターソンは、米国で1960年代には50％以上あった「政策スキーマ」ニュースが1992年には20％を下回っていることを、また、カペラは、1992年の選挙関連報道を内容分析して全体の2/3以上が「戦略型フレーム」であったことを明らかにしています。その後、カペラは、やはり無作為に選ばれた実験協力者を対象に実験室的調査を行い、「戦略型フレーム」型の方が「争点型フレーム」に比べ、有権者の政治に対する否定的な性格付けやシニカルな態度、「政治不信（Mistrust）」を助長しやすいことも調べています。

わが国でも、選挙キャンペーン期間中の報道を「ゲーム・スキーマ」と「実質（政策）スキーマ」から内容分析しようとする試みがなされています（井田正道．2005：pp. 181–199）。この調査では、マニフェスト選挙が提唱された初めての総選挙である2003年と前回2000年の総選挙時の選挙報道を比較しています（図6–1参照）。マニフェスト選挙とは、政策実現に使用される予算と財源、完成までの時期、完成までの手順と各時点での数値目標が示される選挙のこと

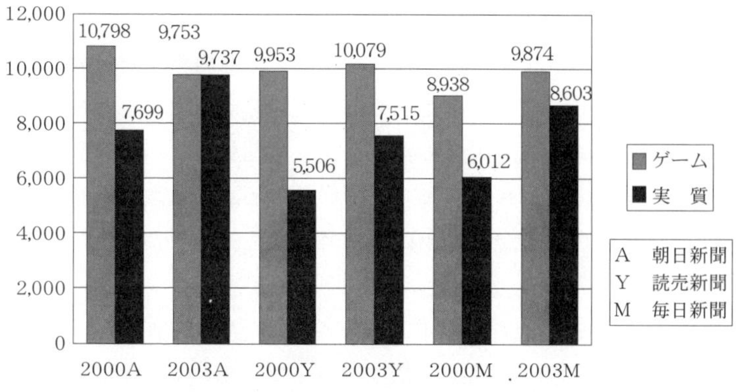

ゲームと実質（コラムセンチ）

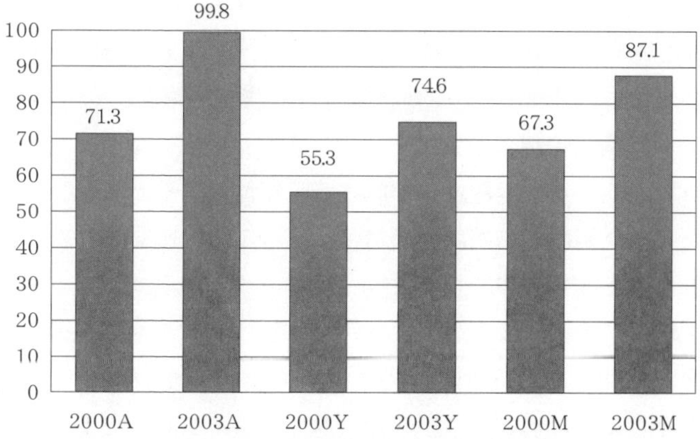

ゲーム報道量を100とした場合の実質報道量の比率（コラムセンチ）

図6–1　マニフェスト選挙と選挙報道

です。このようなマニフェスト導入の成果もあって分析結果では、朝日・読売・毎日の実質報道量が、前回の2000年の総選挙時と比べて、いずれも対ゲーム報道量比で20％以上増加していることが示されています。

また。堀内ら（2005：pp. 161–180）は、実際の選挙時を利用して行うフィールド実験手法を用いて、自民党の政策と民主党の政策どちらか一方の閲覧者、両方の閲覧者、政策情報のない者の間の情報摂取の後続効果を調べています。それによると、2政党の政策情報を閲覧した場合の方が、投票確率上昇に与える効果が大きくなるとしています。

しかし、このような政策に関する報道や認知の増加が、本書のテーマである有権者の熟慮誘発に繋がっているかどうかは別に調査する必要があるでしょう。問題は、実質報道の中身です。どれだけ熟慮誘発度が増すような報道がなされたかを問う必要があります。もしかしたら、実質報道量の増加と有権者への熟慮誘発度の上昇は別問題かもしれません。一般的大学生を有権者に想定していますが、本書での実験室的調査のポイントは、上記「実質スキーマ」や「争点型フレーム」へ分類されるであろう政策情報がその影響予測性を高めたとき、視聴後の熟慮誘発機能にどのような影響を与えるかを考察しようとするものでした。

時期がさかのぼりますが、1996年の第41回総選挙時の選挙キャンペーン期間に、朝日新聞と読売新聞（いずれも朝刊のみ）において政策がどのように構成されて報道されているかを調べたことがあります（小川恒夫．1997：pp. 93–103）（図6–2参照）。図6–3は、その記事を本書で考察してきた政策メリット・デメリットの両面呈示のレベルを、量と具体性の側面から内容分析したものです。各党政策の報道のされ方を見ると、明らかに有権者へのメリット・デメリットを示す（影響予測情報）が少なくなっていることがわかります。マニフェストが選挙手法として提唱される前のことですから、政策の公

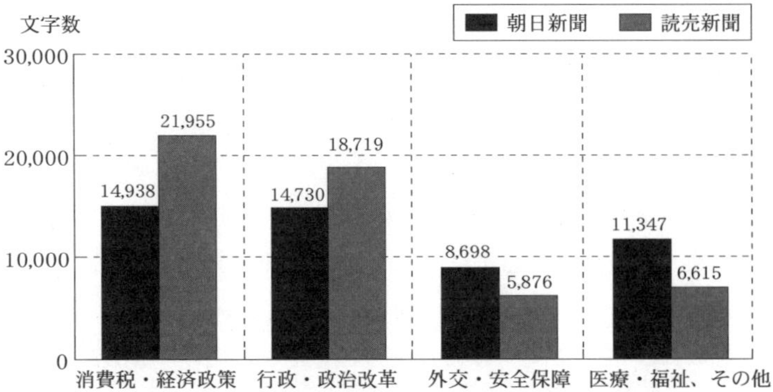

図6–2 項目別の政策報道量（1996年10月8日〜19日の朝刊のみ）

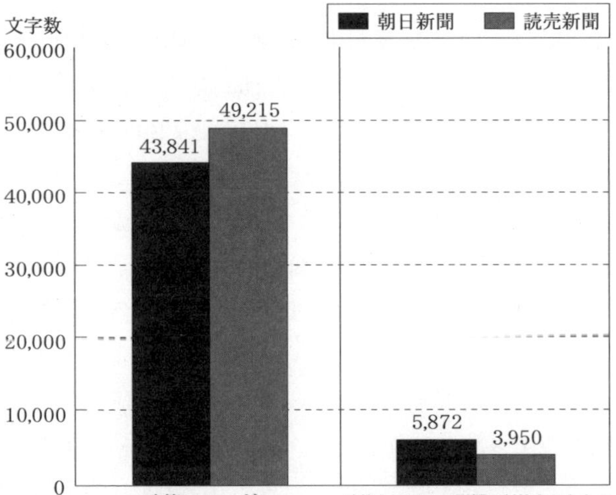

＊政策スローガンとは、国民への影響を示さない政策のみの主張や、漠然とした理念だけの主張。

図6–3 政策報道による情報タイプ
（1996年10月8日〜19日の朝刊のみ、ただし14日は休刊日）

表に政党・候補者自身があまり積極的ではなかったのかもしれません。それにしても、本書の３章で考察した熟慮誘発に必要な要件から言うと、一般の有権者に熟慮誘発を求めることさえ難しい内容と分量でした。

また、本章末の表6–2は、朝日新聞と読売新聞について、2005年９月の第44回衆議院選挙に向けて、各党のマニフェストが公表された８月20日（読売新聞は９月１日）から投票日９月11日までの記事で「郵政民営化」に関する言及を分類したものです。ただし、両紙とも東京版本紙朝刊のみで、１記事あたり1000字以上の記事が分類対象になっています。「郵政民営化」をキーワードにして、両新聞社の記事データベースから記事を検索しダウンロードしました。期間内で1000字以上の対象記事は、朝日新聞東京版本紙152本（全280本）、読売新聞東京版本紙60本（全85本）でしたが、本書の分析枠組から抽出対象にできた記事は、朝日新聞で24本、読売新聞で12本にすぎませんでした。

抽出方法は、1996年調査と同じく、大学生２人が同じ記事別々に読みながら、下記項目に該当する部分を抽出し、最後に筆者が両者判断の齟齬《そご》を調整していくものです。さらに、この回の内容分類では、1996年のときよりもメリットとデメリット予測の具体性がわかるように分類項目に工夫を加えました。異なる点は、①国民生活にも直接繋がるようなメリット予測、②国民生活にも直接繋がるようなデメリット予測、③社会全体へのメリット、④社会全体へのデメリット、⑤賛否に重要と思われる客観的事実、の５つに分けた点です。

結果からわかることは、一般的有権者の視点から見て、生活の中で政策選択の結果が実感として予測できるような、国民生活にも直接繋がる、①のメリット予測と②のデメリット予測に関する記述の対比がかならずしも十分ではないということです。これでは、すでに述べてきたように、政策争点に対する生活実感が伴うような具体性の高い予期を一般有権者に期待することは難しいと思います。必要と思われる争点には、いつでも熟慮誘発機能が十分に発揮できるような調査・取材方法が準備されていること、つまり、いつでもこの項目を充実できるだけの調査力が常に準備されていることが重要です。「郵政民営化」選択選挙と言われた2005年9月の選挙報道において、両社の提供した情報形態は、有権者の視点からみて熟慮誘発機能が十分であったか疑問が残ります。

4．暴露型調査報道と影響予測型調査報道

では、現状では「はかなく」「かよわい」熟慮誘発効果を大きく育てるためにはどのようにすればよいのでしょうか。それは、政治家や官僚側の記者クラブでの談話や資料を掲載する「発表編集報道」(Source journalism) ではなく、多分もっと多方面からの「調査報道」(Investigative journalism) と呼ばれる取材形態から生まれる可能性が高いと想定されます。調査報道とは、当局の発表に依存しない先取り型取材報道です。これまで調査報道というと、「権力の腐敗」を記者が地下に潜って暴き出すような報道が想定されてきました。米国のウォーターゲート事件でも有名なディープスロートとも呼ばれる、内部告発によって開始される調査報道です。それによって生み出された世論としての憤怒・嫌悪は、確かに、政治の現場に従事する人たちに襟を正させ、誠実な気持ちで職務に励むことを再度認識させる機能を持つでしょう。政治権力や経済権力が自分たち

にとって都合の悪く隠しておきたいことを、報道側が綿密に調査取材し自らの責任で明るみに出すことで、関係者が逮捕・追放され政治的不公平の是正がなされる。その意味で、政治メディアの権力監視機能がもたらす暴露型調査報道は大切です。政治と有権者との間に緊張感を与えます。わが国においても立花隆氏の田中角栄元首相の金脈報道や朝日新聞川崎支局のリクルート事件報道が有名です。いずれも時の内閣はそれによって辞任に追い込まれました。米国でも1985年、優れたジャーナリズム活動に贈られるピュリツァー賞の受賞部門に「調査報道」部門が独立のジャンルとして加えられることになり、わが国からも、朝日新聞川崎支局のリクルート事件報道の担当者がこの賞を受賞しています。今後もこのような形の調査報道は大変重要ですし、現場に立ち会う記者には、筆舌に尽くしがたい努力が要求されることになります。

しかし、政治メディアの権力への暴露型調査報道から生まれてくるのは「憤慨・驚愕・嫌悪する世論（セロン）」であっても「熟慮する輿論（ヨロン）」ではありません。憤怒・驚愕・嫌悪をもたらす情報だけからでは熟慮誘発は生まれません。それらの報道によって、争点・政策選択・業績評価が、個々人の立場から熟慮すべきものとして誘発されるものではないからです。選挙期間中に、有権者の判断がすべて暴露型調査報道のみによってなされるならば、政治自体が有権者にとって嫌悪の対象だけになってしまう危険性さえあります。政治の醜悪な部分を暴き出し、否定的解釈を加えることが、有権者を政治に巻き込むというより、政治的不信感や政治的倦怠を生んでしまう危険性があることはすでに指摘されています。特に選挙時には権力監視だけでなく権力選択への報道の貢献が重要になります。たとえば、政治的不正・汚職という不公平を生じさせないための政治制度改革案はどれが最適なのかといった問題について有権者の熟慮が必要ならば、監視機能プラスアルファーが必要です。そのためには、各案の影響をできるだけ具体的生活に即して影響予測してもらうタイプの調査報道が必要です。

政治争点の生活面までの影響を多面的に取材すべき記者個々人は、殺人だ・事故だ・災害だと多くの事件を抱えて忙しすぎます。記者クラブに入って官庁・議会・政党・警察・司法・経済団体等を担当すれば、各広報担当者からの発表や資料説明が頻繁になされ、読み理解しなければならない情報は山ほど提供されます。しかも、新聞の場合、朝刊と夕刊の１日に２回の締め切りに追われます。まして、選挙争点の場合、当落予測だ、各選挙区の状況だなどと取材対象が一気に広がり、１つのテーマをじっくり取材する余裕がある期間の方がまれといってよいでしょう。このような状況の中では、国民各層への政策争点の想定されるメリット・デメリットについて、権力側にとって都合の悪い、隠しておきたい側面にまで光をあてて調査取材し、自らの責任で明るみに出すことなど困難である、という指摘も聞こえてきそうです。

しかし、本書の理論的考察と実験室的調査結果は、限定的ながら以下のことを示しています。有権者の熟慮が選挙時に必要だというならば、報道内容には、現実の政治の動きが、国民の日々の暮らしにどんな影響を与えていくかを提示すること。それが示されたとき、たとえ一時の「はかなく・かよわい」効果としても熟慮誘発機能が生まれる可能性があり、これをまず確認して次第に大きいものにする記事提示の方法を考えていく。必要なのは、選挙公示期間という、有権者が争点判断に集中すべき時期に、取材に裏づけられたいくつかの方向性をもつ将来予測をできるだけわかりやすく提示する工夫であり、生活の具体的なレベルまで争点の影響予測情報を具体化する組織的な調査報道力ということになるでしょう。それには、暴露型調査報道とはまた異なった形の調査報道が必要になります。調査予算や政策分野専門ごとの人的配分などの組織的な取り組みも必要となるでしょう。予測報道後の責任問題も生じます。それらの課題を熟慮するための材料として、この本は書かれました。

マス・メディアが視聴者・読者に対して弾丸のような強い効果を持つことを想定していたラスウェル, H. D. (1949/1954：p. 66) は、メディアの機能を観念的に以下のようにまとめています。彼によると、①誰が (who)、②どのようなメッセージを (say what)、③どのようなメディアで (in which channel)、④誰に (to whom)、⑤どのような効果を (with what effect) もたらしたのか。問題は、⑤の「どのような効果」の中に果たして本書で提唱した熟慮誘発効果がメディア機能として想定されていたかです。一方、1984年に日本新聞協会研究所が示した『メディア環境の変化と新聞』の中の「新聞のメディア機能一覧」には、①報道機能（速報性・詳報性・解説性）、②評論機能（エディトリアル性・フォーラム性）、③教育機能、④娯楽機能、⑤広告機能、が記されています。詳報性とは、「調査報道 (investigative report) やインサイドストーリーの発掘に重点を置き、ニュースを様々な角度から報道する」と書かれています。また、エディトリアル性とは「紙面の構成や社説などを通して、新聞社独自の価値判断を提示し、世論形成に取り組む」と記載されています。これらのことを前提に考えれば、本書で提示した「熟慮誘発機能」とは、その詳報性やエディトリアル性の一部にすぎません。また、放送法第３条の２第１項には「意見が対立している問題については、できるだけ多くの角度から論点を明らかにすること」という「政治的公平」の原則が明記されています。熟慮誘発機能は、政治メディアの新しい機能や社会的役割ではなく、既存機能の有効性をより明確に測定しようとする試みにしかすぎません。

危惧される点は、熟慮誘発機能に繋がるそれら詳報性やエディトリアル性に対する期待の高まりが、若い世代の活字離れ現象と相まって、テレビという映像メディアに強く向かっていることです。5年ごとに実施されているNHK世論調査『日本人とテレビ』の結果では、ニュースの「速報性」だけでなく、政治や社会の問題についてじっくり考えさせる「解説」の面でも「テレビ」に依存という割合が、「新聞」を大きく上回るようになってきています。2005年調査でも「テレビ」51%に対して「新聞」35%となり、1995年の調査でもこの割合はほとんど変わっていません。1985年調査の「新聞」46%、「テレビ」43%と比べると、テレビへの期待がニュース分析・解説面でも高まっていることが窺えます。何度も指摘してきたように映像メディアは、理性面よりも情緒・感情面に早く訴えかけられる特性を持っています。テレビ番組に政治や社会問題についての解説機能を求める視聴者への対応が、単に感情の移入のある主観的ニュースをドラマティックに面白おかしく伝えることだけに終始したとしたらどうなるでしょうか。視聴者の政治・社会問題についての「解説」への期待が、暴露による良い悪い・好き嫌いという直感的な評価に変換されやすくなります。そこには、センセーショナルな映像による憤怒・驚愕といった感情誘発はあっても、よりよい選択をじっくり考えてもらうための熟慮誘発はありません。今後は、映像メディアでの熟慮誘発機能のあり方も重要な課題になるでしょう。

以上の文脈から注目したいもう1つの点は、近年提唱されるようになってきた「人々を公共圏に引き入れ、政治過程に参加させ、民主国家の市民としての見解や技術を持つように促すことを支援する」パブリック・ジャーナリズムのあり方です。これは、現状をより民主的にするために変革していこうとする点で、マニフェストの提唱とも共通点を持っています。パブリック・ジャーナリズムは、市民との結びつきを強めるため、積極的に受け手の側に入り込み、討論集会開催などで市民が抱いている問題を見つけ出し、報道を通して問題の解決策を提示していく報道手法です。これまでメディアが報道においてとってきた中立的・傍観者的な姿勢を改めようとする点では賛否両論があります。熟慮誘発機能を測定軸として確立させるためには、まだ多くの検討と検証が必要と思われますが、本書では、パブリック・ジャーナリズムが市民の間に入り込んで政治争点を「問題提起」していこうとする点にも、この測定軸は貢献できるのではないかと考えています。継続的検討を重ねたいと思います。

表6-2

朝日新聞

(朝刊のみ、1000文字以上の記事、東京版本紙に限る。対象記事数：8月20日から8月31日までの83本、9月1日から9月11日までの69本)

日　付	記事種類	記事・予測主体	国民生活へのメリット	国民生活へのデメリット
8月20日	社説	政府与党		
	総合面	野党		
		政府与党		
		政府与党	○不採算になった過疎地などの郵便局でのサービスを守れる。	
		記者		
		記者		
	総合面	政府与党 野党		
8月21日	社会面	政府与党 記者		○民営化で経営が悪化すれば、局は閉鎖され、生活基盤が崩れる。
	社会面	政府与党		

社会全体へのメリット	社会全体へのデメリット	賛否に重要な客観的事実
○郵政民営化を実現できれば、社会保障であれ、財政であれ、懸案の改革は自ずと加速する。 ○限度額を下げれば、郵貯・簡保からあふれる部分は確実に民間の資金になる。 ○特定郵便局長の位置づけはかわらない。 ○すべての改革につながる。	○民営化されると政府保証を失う上、有利な運用先もなくなる。 ○資金は今までのようには集まらない。	○300兆円の郵貯・簡保資金の大半は官の借金返済に回っている。 ○預金限度額は順次引き下げる。
○民営化で効率よい業務。 ○民間にまかせれば、国民の多様な要求にこたえられる。		○郵便局には短時間勤務も含めて38万人もの公務員が

日　付	記事種類	記事・予測主体	国民生活へのメリット	国民生活へのデメリット
8月24日	社説			
		野党		
		政府与党		
		野党		
		新聞社		
		新聞社		○現在の稼ぎ頭である郵貯を急速に小さくすることになれば、公社は経営が悪化し、職員の雇用や郵便局ネットへの影響はさけられない。
8月26日	社説	政府与党		
		政府与党		
		政府与党		

社会全体へのメリット	社会全体へのデメリット	賛否に重要な客観的事実
		働いている。
○民営化された金融２社は国債以外にも投資を増やすだろうから経済の活性化にもつながる。 ○預け入れ限度額を1000万円から500万円にして「官」が抱える資金を強制的に減らすことが、民間にお金を動かすことにつながる。 ○郵貯・簡保の信用の裏付けとなる政府保証を打ち切り、民間企業にすることで、資金量の縮小を狙う。	○郵政をどういじっても資金は官に吸い上げられる。	○郵貯・簡保の資金で国債を大量に買うことが無駄な公共事業や特殊法人への貸付となる。
○民営化で税収が増え、社会保障への負担が軽減できる。 ○行政改革・財政改革など経済の活発化。 ○郵政改革の実現により、あらゆる懸案は解決する。		○郵政公社は正規職員だけで26万人。

日　付	記事種類	記事・予測主体	国民生活へのメリット	国民生活へのデメリット
	特集	政府与党 政府与党 政府与党		
8月29日	特集	記者 政府与党	○企業への協調融資や個人への住宅ローンなどができる。	

社会全体へのメリット	社会全体へのデメリット	賛否に重要な客観的事実
○郵政民営化なくして小さな政府なし。 ○国家公務員の3割削減可能。 ○民営化会社は税金を納めるので、財政再建に繋がり、年金や医療子育て対策などを充実させられる。		○800兆円近い政府と自治体の借金。 ○郵政民営化議論の焦点は無駄な公共事業や特殊法人の温存に繋がってきた巨額な郵貯・簡保の資金をどうするかにあった。
○今までのように郵便局だけにお金が集まりすぎない。官から民へ資金の流れが変		○郵貯資金の4割は財政投融資、5割は国債の買い入れになっている。 ○郵便物流数は2002年度以降2％減少続く。 ○7月の銀行貸出残高はピークの1996年から3割減の377兆円。 ○2005年度の普通国債の見込み残高は、バブル期に比べると倍増の538兆円。 ○郵政公社は今でも、コンビニとの小包提携でヤマト運輸から「不公正」だと訴えられている。

日　付	記事種類	記事・予測主体	国民生活へのメリット	国民生活へのデメリット
		記者 記者 記者 野党 記者 野党 記者 記者		○民営化したら、儲からない郵便局は廃止される。 ○経営判断で郵便局を減らす可能性は否定できない。 ○仮に郵便局が残っても、貯金・保険両社の商品が扱われなくなると主張する。
8月30日	特集	政府与党 政府与党		

社会全体へのメリット	社会全体へのデメリット	賛否に重要な客観的事実
わる。 ○郵便会社は一般の運送業に進出。 ○コンビニのような多角経営。 ○郵貯・簡保の運用拡大も収益源に。	○資金が郵貯・簡保から銀行に回っても、銀行は融資先に困って国債を買うかもしれない。 ○大幅な人員削減や郵便局統廃合が政治的に無理なら、民間会社は生き残りをかけて業務拡大にひた走る可能性が高い。	
○民営化されれば法人税を納める。 ○財政再建にも、将来の税負担の軽減にも寄与する。		○210兆円もの郵貯は日本最大の銀行の3倍の資産規模がある。 ○日本最大の銀行筋が、郵貯が邪魔だから潰して新たな儲け口にしようという圧力が働いているのが郵政民営化の本質だ。

日　付	記事種類	記事・予測主体	国民生活へのメリット	国民生活へのデメリット
9月1日	政治面	記者		
9月3日	総合面	官僚		
	経済面	記者		
		有職者		
		政府与党		
		政府与党		
		記者		
		有職者		
		有職者		
		有職者		

社会全体へのメリット	社会全体へのデメリット	賛否に重要な客観的事実
		○選挙で郵政民営化を重視するか。する；54, 52, 55% しない；30, 34, 31% （8月23・26・30日の各世論調査結果）
○これほど公務員が削減される改革はない。 ○サービス展開できる可能性。 ○政府に流れていた巨額のお金が民間企業で使われれば経済に大きな活力をもたらす可能性は高い。 ○資金を民間部門に流し、国民の貯蓄を経済の活性化に繋げる。 ○民営化すればリスクを取った資金運用もできるので「民」にお金を回せる。 ○資金の流れは「官」から「民」へと大きく変化するだろう。 ○財政改革を後戻りさせない。 ○政府の二重性を排除できるため、財政の透明性は高まる。	○「公債残高」は今後も増加し、民間金融機関はそのために資金供給せざるを得ない。	○郵貯・簡保から財投への資金の流れは200兆から10兆円へ激減している。 ○郵貯・簡保が直接買う国債、地方債も130兆円から150兆円に増える。「官」と「民」の比率に変わりはない。

日　付	記事種類	記事・予測主体	国民生活へのメリット	国民生活へのデメリット
		有識者		
9月5日	総合面	記者		
9月6日	総合面	官僚		
		与党		
		与党		
		記者		
		政府与党		
		政府		
		与党		
		与党		○郵便局がなくなり、公共サービスがなくなり、雇用の場がなくなる。
		与党		
9月8日	総合	官僚		
		官僚		

社会全体へのメリット	社会全体へのデメリット	賛否に重要な客観的事実
○資金の配分に市場原理が強まり、政府の無駄遣いへのプレッシャーに。		
		○民営化賛成「53%」、民営化反対「21%」。（8月31日から9月3日の世論調査結果）
○官のスリム化。 ○あらゆる改革に繋がる、民間主導の経済社会に持っていくために不可欠な改革。 ○景気にもいい影響を与える。社会保障制度にも財源を与えることができる。	○民営化しても国債を買わざるを得ない。 ○結局は「民から官」になるのでは。 ○日米の大銀行、保険会社の利益のために、民間のサービスを犠牲にするものだ。 ○国民生活と地域社会を守るインフラを破壊する。	○非公務員化といっても、日本郵政公社職員の給与には元来、税金は使われていない。
○郵政公社の職員26万人を民間人にする。 ○民間会社になれば税金を納めるし、効率化も期待できる。		

日　付	記事種類	記事・予測主体	国民生活へのメリット	国民生活へのデメリット
		官僚		
9月9日	特集	政府与党 政府与党 政府与党 与党 与党 政府与党 政府与党		○郵便貯金や簡易保険が民営化されれば、儲けにならない地域から撤退、身近な金融窓口がなくなり、高い手数料を取られる。
	総合面	政府与党		
9月10日	総合面	政府与党 政府与党 政府与党		

社会全体へのメリット	社会全体へのデメリット	賛否に重要な客観的事実
		○当面の政府の歳出は1円も減らない。
○官僚優位社会改革への一歩。今後、財政改革、公務員の削減、社会保障改革などのあらゆる構造改革に繋がり、それが結局は政治そのものの構造改革を実現する。 ○役人の「無駄遣いの温床」だった郵便貯金、簡易保険の340兆円を民間に。 ○官のリストラを実現。 ○国民負担を減らし、小さな政府を作る突破口。 ○公務員は減り、民営化された会社からの税収も上がる。 ○財政を再建する道へ繋がる。		○税金で給料を支給していない郵便局はすでに民営化と同じ。
○国民負担を減らし、小さな政府をつくる突破口。 ○公務員は減り、民営化された会社からの税収も上がる。ひいては、財政を再建する道に繋がる。 ○小さな政府を目指すことこそ、この国が抱える問題を解決する唯一の道。		

日　付	記事種類	記事・ 予測主体	国民生活へのメリット	国民生活へのデメリット
		政府与党		
	その他	政府与党 有識者		
9月11日	社会面	政府与党		
	経済面	政府与党 官僚		

読売新聞

(朝刊のみ、1000文字以上の記事、東京版本紙に限る。対象記事数：9月1日から9月11日までの60本)

日　付	記事種類	記事・ 予測主体	国民生活へのメリット	国民生活へのデメリット
9月1日	1面	政府与党		
		政府与党		
	政治面	野党		○郵便局が消えていく。営利追求の見せかけ改革である。
	政治面	政府与党	○どんなへき地であっても、郵便局はなくさない。万一、郵便局の経営ができない地域ができた場合の援助	○郵便は電子メールに押されて減りつつあり、このままでは郵便局の経営が成り立たなくなる。

社会全体へのメリット	社会全体へのデメリット	賛否に重要な客観的事実
○郵政公社職員26万人が公務員でなくなれば『小さな政府』になる。 ○役所の仕事を民間に開放。	○国民が有する資産を裕福な人たちに売り渡す作業だ。	
○官僚社会を打破して、民間主導の活力ある社会への突破口。 ○すべての改革へ繋がる。 ○政治の構造改革だ。		

社会全体へのメリット	社会全体へのデメリット	賛否に重要な客観的事実
○郵便貯金と簡易保険の計340兆円の資金の流れを「官」から「民」に変える。 ○小さくて身軽な政府を作ると同時に、民間経済を活性化、高齢化社会を乗り切る。		○毎年の財政赤字は30兆円。 ○国と地方の長期債務は2005年末774兆円。人口が減るのに将来世代に赤字のツケ回しを続けることはできない。

日　付	記事種類	記事・予測主体	国民生活へのメリット	国民生活へのデメリット
			資金として、２兆円という膨大な基金の積み立てを徹底する。	
9月2日	社会面	野党		
9月3日	社説	政府与党		
		有職者		
		有職者		
		有職者		
9月4日	社会面	野党		
9月8日	社説	有識者		
9月9日	社説	政府与党		
9月10日	政治面	野党		

社会全体へのメリット	社会全体へのデメリット	賛否に重要な客観的事実
	○郵政民営化は単に自由化を意味しているだけで何ももたらさない。	
○小さな政府への構造改革。税金負担が減って人々の暮らしが楽に。 ○ひときわ図体の大きいメガ金融機関が出現することで効率が高まる。	○公共部門のスリム化は大いに結構だが、それによって余った金や人の使い道を考えなければ、かえって無駄ができる。 ○郵政民営化で郵貯・簡保が今のまま民営に転換しても、経済効率の向上に直結しない。 ○アメリカは郵貯や簡保の金を狙って民営化を迫っている。	
		○小泉政権の政策上の成果は十分ではない。道路公団民営化が典型。
○郵政改革を突破口に改革の前進を。		
		○米通商代表部（USTR）の報告書を読むと、（日米政府担当者が郵政民営化に関して）昨年から今年にかけて18回談合している。「米国の主張を入れることに成功し

日　付	記事種類	記事・予測主体	国民生活へのメリット	国民生活へのデメリット
9月11日	社会面	政府与党		
	その他	政府与党		
	政治面	政府与党		
		政府与党		
		野党		

社会全体へのメリット	社会全体へのデメリット	賛否に重要な客観的事実
		た」とも書いている。
○郵政職員が国家公務員のまま維持されれば将来役人天国、重税国家となる。 ○これほど公務員を減らす改革はどうやってもない。 ○「小さな政府」を実現し、自由と活力に満ちた経済社会を築く。 ○郵政民営化を入り口に、子育てを社会全体で支えるシステム。	○郵政民営化は大銀行のための改革。財界のためでも国民のためでもない。	○統制経済と自由な市場経済のどちらの国が豊かになるかは、東ドイツと西ドイツ、北朝鮮と韓国を見ても明らかである。

参考文献

[序章]

・アーサー, L. & マシュー, D.（1998/2005）『民主制のディレンマ―市民は知る必要のあることを学習できるか？―』山田真裕訳、木鐸社
・ウェスト, D. M.（1993/1998）『テレビで勝つ選挙戦略』山口誠志訳、電通
・高瀬淳一（2005）『情報政治学講義』新評論
・田中愛治（2003）「投票率65％で政権交代が可能か」『中央公論』9月号
・マクネア, B.（1998/2006）『ジャーナリズムの社会学』小川浩一・赤尾光史監訳、リベルタ出版
・三浦博史（2005）『洗脳選挙』光文社
・リップマン, W.（1922/1987）『世論』掛川トミ子訳、岩波書店

・Fishkin, J. S. (1991), *Democracy and Deliberation : New Directions for Democratic Reform*, Yale University Press.
・Fishkin, J. S. (1992), Beyond Teledemocracy : American on the Line, *The Responsive Community*, Vol. 2, No. 3.
・Dahl, R. A. (1989), *Dilemmas of Pluralist Democracy : Autonomy versus Control*, Yale University Press.
・Traugott, M. W. & Lavrakas, P. J. (2000), *The Voter's Guide to Election Polls, 2nd edition*, Chatham House Publishers.

[1章]

・井上茂子・木畑和子他（1989）『1939　ドイツ第三帝国と第二次世界大戦』同文舘
・大石裕（2005）『ジャーナリズムとメディア言説』勁草書房
・岡田直之（2001）『世論の政治社会学』東京大学出版会
・カペラ, J. N. & ジェイミソン, K. H.（1997/2005）『政治報道とシニ

シズム』平林紀子・山田一成監訳、ミネルヴァ書房
・佐藤卓巳（2003a）「あいまいな日本の世論」佐藤卓巳編『戦後世論のメディア社会学』柏書房
・佐藤卓巳（2003b）「『プロパガンダの世紀』と広報学の射程」津金澤聡廣・佐藤卓己責任編集『広報・広告・プロパガンダ』ミネルヴァ書房
・佐藤毅（1986）「マスコミ研究の展望—欧米の経験学派と批判学派を中心として」『現代のマスコミ入門』青木書店
・住友陽文（2001）「近代日本の政治社会」『日本史研究』463 号
・田勢康弘（1992）『政治ジャーナリズムの罪と罰』新潮社
・デニス , P. 他（1983/1999）『ユダヤ人はなぜ迫害されたか』松宮克昌訳、ミルトス
・平井正（1995）『20 世紀の権力とメディア』雄山閣
・ヒトラー , A.（1925/2004）『わが闘争　上巻』平野一郎・将積茂訳、角川書店
・フロム , E. H.（1965/1971）『自由からの逃走』日高六郎訳、東京創元社
・宮武実知子（2003）「世論（せろん / よろん）概念の生成」津金澤聡廣・佐藤卓己責任編集『広報・広告・プロパガンダ』ミネルヴァ書房

・Curran, J., Gurevich, M. & Woolacott, J.（1982), The Study of the Media; Theoretical Approaches, In Gurevitch, M. et al. (eds), *Culture, Society and the Media*, Methuen.
・Rogers, E. M. & Balle, F. (1985), Toward integration of European and American communication, In Rogers, E. M. & Balle, F. (eds), *The Media Revolution in America and in Western Europe*, Vol. 2, Ablex Publishing Corporation.
・Robinson, M. J.（1976), Public Affair Television and the Growth of Political Malaise : The case of the Selling of the Pentagon, *American Political Science Review*, Vol. 70.

［2章］

・アドルノ，T. W.（1950/1980）『権威主義的パーソナリティ』田中義久他訳、青木書店
・ウィーバー，D. H. & マコームズ，M.（1981/1988）『マスコミが世論を決める』竹下俊郎訳、勁草書房
・小川恒夫（1991）「我が国における議題設定機能の検証」小林良彰編『政治過程の計量分析』芦書房
・ガーブナー，G. 他（1976b/1980）「テレビ暴力番組」高根正昭編『変動する社会と人間2　情報社会とマスメディア』一色留美訳、至文堂
・クラッパー，J. T.（1960/1966）『マス・コミュニケーションの効果』NHK 放送学研究室訳、日本放送出版協会
・斉藤慎一（2001）「ニュース報道の機能分析」萩原滋編著『変容するメディアとニュース報道—テレビニュースの社会心理学』丸善
・竹内郁郎（1966）「マスコミュニケーションに関する社会心理学的研究の展開」『年報社会心理学』7号、勁草書房
・竹下俊郎（1988）「争点報道と議題設定仮説」東京大学新聞研究所編『選挙報道と投票行動』東京大学出版会
・竹下俊郎（1998）『メディアの議題設定機能』学文社
・鶴木眞（1988）「新聞の枠組み設定機能に関する一考察—戦後転換期と朝日新聞社説」『法学研究』61巻1号
・露木茂・仲川秀樹（2004年）『マス・コミュニケーション論』学文社
・時野谷浩（1984）「志向性と要求理論とその実証研究」『東海大学紀要. 文学部』第42輯
・ホブランド，C. I.（1953/1960）『コミュニケーションと説得』辻正三他訳、誠信書房
・マコームズ，M. 他（1991/1994）『ニュース・メディアと世論』大石裕訳、関西大学出版部
・マクウェール，D. 編著（1972/1979）『マス・メディアの受け手分析』時野谷浩訳、誠信書房

・ラザーズフェルド, P. F.他（1948/1990）『ピープルズ・チョイス』有吉広介監訳、芦書房
・ノエレ-ノイマン, E.（1980/1997）『沈黙の螺旋理論—世論形成過程の社会心理学　改訂版』池田謙一・安野智子訳、ブレーン出版

・Davison, W. P. (1983), The third-person Effect in Communication, *Public Opinion Quarterly*, Vol. 47.
・Defleur, M. L., & Ball-Rokeach, S. (1975), A Dependency model of mass media effects, *Communication Research,* Vol. 3, No. 1.
・Deutschmann, P. J. (1962), Viewing, Conversation and Voting Intention, In Kraus, S. (eds.) *The Great Debates : Background, Perspective, Effects,* Indiana University Press.
・Garbner, G. & Gross, L. (1976), Living with television : The Violence Profile, *Journal of communication,* 26.
・Garbner, G., Gross, L. & Morgan, M.(1980), The "Mainstreaming" of America: Violence profile No. 11., *Journal of Communication,* 30 (3).
・Iyengar, S. & Kinder, D. (1987), *News That Matters,* University of Chicago Press.
・Iyengar, S. (1991), *Is Anyone Responsible? : How Television frames Political Issues,* University of Chicago Press.
・Kraus, S. (ed.) (1962), *The Great Debates : Background, Perspective, Effects,* Indiana University Press.
・McCombs, M. & Shaw, D. (1972), The Agenda-setting function of Mass Media, *Public Opinion Quarterly,* Vol. 36.
・McQuail, D. (2001), *McQuail's Mass Communication Theory,* 4th edition, sage Publications.
・Osterhouse, R. A. & Brock, T. C. (1970), Distraction increasing yielding to propaganda by inhibiting counter-arguing, *Journal of Personality and Social Psychology,* Vol. 15.
・Petty, R. E. & Priester, J. R. (1994), *Media Effects : mass media attitude*

change–implications of the elaboration likelihood model of persuasion, In Bryant, J. & D. Zillmann (eds.), Lawrence Erlbaum Associates.
・Petty, R. E. & Cacioppo, J. T. (1984), The effects of involvement on responses to argument quantity and quality : Central and peripheral routes to persuasion, *Journal of Personality and Social Psychology*, Vol. 46.
・Petty, R. E. & Wells, G. L. (1976), Distraction can enhance and reduce yielding to propaganda : Thought disruption versus effort justification, *Journal of Personality and Social Psychology*, Vol. 34.
・Sears, D. & Freedman, J. L. (1967), Selective Exposure to Information : A Critical Review, *Public Opinion Quarterly*, Vol. 31.
・Weiss, W. (1969), Effects of Mass Media of Communication, In Lindzey, G. & Aronson, E. (eds.), *The Handbook of Social Psychology*, 2nd edition, Vol. V, Addison–Wesley.

[3章]

・市川伸一（2003）『学習と教育の心理学』岩波書店
・今井むつみ・野島久雄（2003）『人が学ぶということ』北樹出版
・今井芳昭（1997）『影響力を解剖する』福村出版
・オースベル, D. P. & ロビンソン, F. G.（1969/1984）『教室学習の心理学』吉田章宏・松井弥生訳、黎明書房
・キンダー, D. R.（1998/2004）『世論の政治心理学』加藤秀治郎他訳、世界思想社
・進藤聡彦（1999）「知識が成立するプロセス」授業を考える教育心理学者の会『いじめられた知識からのメッセージ』北大路書房
・ダウンズ, A.（1957/1982）『民主主義の経済理論』吉田精司監訳、成文堂
・玉木剛他（2004）『影響力』ダイヤモンド社
・西林克彦（1994）『間違いだらけの学習論』新曜社
・真柄敬一（1998）「『学ぶ』とは頭の中に『日記』を作ることだ」『学習

評価研究』34号、みくに出版

・Allen, M. & Hale, J. (1990), Testing a model message sidedness : three replication, *Communication Monographs*, Vol. 57.
・Carraher, T. N., Carraher, D. & Schliemann, A. D. (1985), Mathematics in the streets and in schools, *British Journal of Developmental Psychology*, Vol. 3.
・Converse, P. E. (1964), The nature of belief systems in mass publics, In Apter, D. E. (ed.), *Ideology and Discontent*, Free Press.
・Graber, D. A. (1994), Why voters fail information tests : Can the hurdles be overcome?, *Political Communication*, Vol. 11.
・Hovland, C. I. (1974), The effect of presenting one side versus both sides in changing opinions on a controversial subject, In Roberts, D. & Schramm, W. (eds.), *The Process of Effects of Mass Communication*, 2nd edition, University of Illinois Press.
・Johnson, E. B. (2002), *Contextual Teaching and Learning : what it is and why it's here to stay*, Corwin Press.
・Kinder, D. R. & Sanders, L. M. (1996), *Divided by color: Racial politics and democratic ideals*, University of Chicago Press.
・Parnell, D. P. (1995), *Why do I have to learn this?*, Center for Occupational Research and Development Communications.
・Tichenor, P. G. Donohue, G. A. & Olien, C. N. (1970), Mass Media Flow and Differential Growth in Knowledge, *Public Opinion Quarterly*, Vol. 34, No. 2, Summer.
・Tichenor, P. G. & Donohue, G. A. (1975), Mass Media and the Knowledge Gap : A Hypothesis Reconsidered, *Communication Research*, Vol. 2, No. 1, January.

［4章］
・池田謙一（1994）「政治行動の社会心理学」福村出版

・小川恒夫（1998）「質的議題設定と量的議題設定―映像による影響予測情報と客観断片情報の比較研究から―」『東海大学紀要．文学部』第70輯
・佐伯胖（2004）『「わかり方」の探究』小学館
・スティリングス, N. A. 他（1987/1991）『認知科学通論』海保博之他訳、新曜社
・柳澤桂子（1995）『脳が考える脳』講談社

・Bjork, R. A. (1975), Short-term storage : The ordered output of a central processor, In Restle, F. et al. (eds.), *Cognitive theory*, Vol. 1.
・Chiesi, H., Spilich, L. & Voss, J. F. (1979), Acquisition of domain-related information in relation to high and low domain knowledge, *Journal of Verbal Learning and Verbal Behavior*, Vol. 18.
・Craik, F. I. M. & Tulving, E. (1975), Depth of processing and the retention of words in episodic memory, *Journal of Experimental Psychology*. General, Vol. 104.
・Owens, J., Bower, G. H. & Black, J. B. (1979), The soap-opera effect in story recall, *Memory and Cognition*, Vol. 7.
・Weaver, D. (1994), Media Agenda Setting and Elections : Voter Involvement or Alienation?, *Political Communication*, Vol. 11.
・Yagade, A. & Dozier, D. M. (1990), The media agenda-setting effect of concrete versus abstract issues, *Journalism Quarterly*, Vol. 67.
・Zucker, H. E. (1978), Variable Nature of News Media Influence, *Communication Yearbook*, Vol. 2, New Brunswick, International Communication Association.

[終章]

・池田謙一（2001）「日常生活の中でフィルターされ支えられる政治」池田謙一編集『政治行動の社会心理学』北大路書房

・井田正道（2005）「マニュフェスト選挙と選挙報道～３大紙の内容分析～」『明治大学政経論叢』第73巻
・内川秀美・柳井道夫編（1994）『マス・メディアと日米関係』学文社
・大井眞二（2005）「リベラル・ジャーナリズムの思想史」小川浩一編『マス・コミュニケーションへの接近』八千代出版
・小川恒夫（1997）「第41回衆議院選挙公示期間における新聞報道の内容分析～各党『政策』の報道形態に注目して～」『行動科学研究』第50号
・高瀬淳一（1999）『情報と政治』新評論
・デューイ , J.（1927/1969）『現代政治の基礎』阿部斉訳、みすず書房
・堀内勇作・今井耕介・谷口尚子（2005）「政策情報と投票参加『市民社会における参加と代表』日本政治学会編、木鐸社
・ラスウェル , H. D.（1949/1954）『新版マス・コミュニケーション研究―マス・メディアの総合研究―』学習院大学社会学研究室訳、東京創元社

・Delli Carpini, M. & Keeter, S. (1991), Stability and Change in the U. S. public's knowledge of politics, *Public Opinion Quarterly*, Vol. 55.
・Huckfeldt, R. & Sprague, J. (1995), *Citizens, politics, and social communication : Information and Influence in an Election Campaign*, Cambridge University Press.
・Patterson, T. E. (1993), *Out of Order*, A. Knopf.
・Sniderman, P. M., Brody, R. A. & Tetlok, P. E. (1991), *Reasoning and Choice : Explorations in political psychology*, Cambridge University Press.

あとがき

マス・メディアの仕事は、国民の「知る権利」に奉仕するものです。そのために「取材の自由」も保障されるはずです。しかし、テレビを中心とする今日のメディアが、有権者の感情情緒を刺激するだけで、理性的判断には貢献していないならば、そこには明らかに、理論と実践の乖離があります。メディア効果研究もこの問題に挑戦し、理論と実態を融和することに貢献する必要があるでしょう。ここから、マス・メディアが総体としてどれだけ有権者に“生活実感”をもたせることができたのかを測る測定軸を用意できないかを考えました。その試みの1つが、本書が提唱する「政治メディアの熟慮誘発機能」です。従来のマス・メディア効果研究は大きく分けて、有権者への争点“認知”と“評価形成”への影響という「結果」を測るものでした。本書は、それに“熟慮誘発”という「過程」への影響という、第三の視点を加えようとする試みになりました。重要なことは、政治報道の熟慮誘発機能と情報提供機能を分けて考えることではないかと思っています。前者機能が先行し、後者機能がわかりやすくなる中で、有権者熟慮の向上に報道が貢献できるのではないか。テレビ・新聞・雑誌・インターネットといった多様な媒体の中で、どの媒体がどの機能を担いやすいかも今後の研究課題となるでしょう。

本論にも記載しましたが、本書の提唱する「熟慮誘発機能」の考え方には教育学や学習心理学から多くの示唆を得ています。筆書が勤務する大学の心理・社会学科は、心理学と社会学の両面から「現代人のこころ」の問題と対策を考えることを目標にしたところです。

大学院では、スクールカウンセラーを目指す臨床心理学系の院生諸君が多く授業を履修しています。授業では、政治学的なものよりも、教育学や学習心理的な書籍をテキストとして院生と輪読を行ってきました。それらのテキストでは、「教師と生徒」との関係で形成される「学校」という空間を、いかに意味ある魅力的なものにするかということが論じられています。いかに教師の創意工夫によって、生徒をあるテーマに熟慮誘発させられるか、それによって、いかに学習対象に主体的学習意欲を高めることができるかが研究テーマとされています。これは、「有権者と政治家」との関係で形成される「政治」という空間を、いかに意味ある魅力的なものにするかということにも十分応用が可能です。ここから本書効果論の視角は誕生しました。

筆者は、現実の政治取材の現場をまったく知らない者ですが、その取材過程がいかに筆舌に尽くしがたく大変なものであるかは十分想定することができます。そんな苦労も知らず、本書は結果として、政治報道記事・ニュースのあり方に疑問を呈する内容になってしまいました。きれいごとだけを言う研究サイドからの提言にすぎないといわれればそれまでですが、国政選挙にマニフェストが本格的に登場した同じ時期に、筆者が専門とするマス・メディア効果研究から何らかの貢献ができればこれ以上の幸せはありません。また、全体を通して、熟慮誘発機能の意義と限界を少し強調しすぎた感もありますが、初めての概念提唱でもあり、ご容赦頂きたいと思います。

本書構想の基になった各論文は、学部・大学院・研究所・大学に至る各段階でご指導頂いた多くの先生・先輩・同僚からの教示・助言に多く拠っていることはいうまでもありません。特に、慶應義塾大学新聞研究所研修生時から公私にわたりご指導頂いている小川浩一先生、早稲田大学修士課程時の岩倉誠一先生、慶應義塾大学博士課程時の堀江湛先生には、語りつくせぬ恩恵を賜りました。不肖の弟子であることに何ら変わりありませんが、本書をもって少しでもその恩に報いることができれば幸いです。

最後に、本書を出版するにあたって特段のご配慮を頂いた八千代出版の森口恵美子さん、編集過程において煩雑な作業をお願いした御堂真志さんに大変なご苦労をおかけすることになりました。この場をかりて再度厚く御礼申しあげます。最後に、いつも私にとって最善な研究環境作りに腐心していてくれる妻・真紀子に感謝の言葉を捧げたいと思います。

2006年7月

大学研究室にて

小川　恒夫

索　　引

〔著者紹介〕

小川恒夫（おがわ・つねお）
生　　年：1960年
最終学歴：慶應義塾大学大学院法学研究科博士課程政治学専攻単位取得退学（1992年）
現　　職：東海大学文学部心理・社会学科教授（法学博士）
主要著書・論文：
『マス・コミュニケーションへの接近』（共著）八千代出版、2005年。
『コミュニケーションの政治学』（共著）慶應義塾大学出版会、2003年。
『現代の政治学Ⅰ』（共著）北樹出版、1997年。
『はじめて学ぶ社会情報論』（共著）三嶺書房、1995年。
『政治過程の計量分析』（共著）芦書房、1991年。

政治メディアの「熟慮誘発機能」
――「マニフェスト」時代の効果研究――

2006年10月25日第1版第1刷発行

著　者――小　川　恒　夫
発行者――大　野　俊　郎
印刷所――三浦企画印刷
製本所――美行製本（有）
発行所――八千代出版株式会社
〒101-0061　東京都千代田区三崎町2-2-13
TEL　03-3262-0420
FAX　03-3237-0723
＊定価はカバーに表示してあります。
＊落丁・乱丁本はお取替えいたします。

ISBN　4-8429-1398-3